easy hobbies 36

第一次 圖解

塔羅占卜

就上手 修訂版

清風 著
王中和 推薦

自我療癒的身心靈追尋

　　根據密義學派之說法，每隔一萬多年，當光子帶與春分時日出地平線重合之際，上天會降下一個大文明，目前的世界局勢，很像春秋戰國時期，五霸七雄各逞其能，而世界各文化之交流，也日益暢通與激烈，其實就是這個大文明降臨前之必然現象。

　　在西方的神祕學中，塔羅牌、占星術與靈數學，鼎足為三，也是目前台灣研究歐美神祕學思潮之主流，三者似三而實一，因此許多星象愛好者與靈數學愛好者都喜歡涉獵塔羅。

　　誠如歐美人對易經風水著迷，中國人對星象塔羅瘋狂，相信此種交流對下一個高明的全球文化之誕生，當有助益。中國人已了解，未來之中原地區，已經不是中國大陸，而是一個新的全球文明。我們在天災人禍日益嚴重的地球，緬懷前人發展之神祕學，發現其中有對宇宙結構之觀點、對自然

環境之愛護，也有對人文社會之關懷，對於生命提昇之可能性，神祕學提昇人類心靈以至無垠、無時空之界限，能知過去未來，正和量子物理出現後所發展出來的宇宙模型吻合。所以對於神祕學在全世界以古老文化之外衣復振，實不可等閒視之。尤其目前都市累積大量對於身心靈有害之毒素，現代人也唯有靠學習神祕學當做一種自我療癒之追尋。

　　清風兄，台大研究所之高材生，於星學命理以及東西方玄學，無所不窺，我看也是有天命在身，帶領未來中西神祕學文化融會之佼佼者，今以所著之塔羅牌教學講義囑序於予，鄙人有幸先睹為快，特向讀者推薦，這是一本進入塔羅領域之好書。

 王中和 序於指南山

目錄

CHAPTER

3 七十八張塔羅牌的牌義

CHAPTER

4 六種常用牌陣

目錄

如何使用這本書

《第一次塔羅占卜就上手》這本書針對完全不懂塔羅占卜的初學者製作。本書共分為八個篇章，為尚未全盤掌握「塔羅占卜」知識的初學者提出一個循序漸進、由淺入深的學習進程。

為了避免初學者陷入文字的迷障，喪失學習的興趣，本書特別設計簡明易懂的學習介面，運用大量的圖解輔助說明複雜的概念，避免詰屈聱牙的文字，透過本書，讓你可以「第一次塔羅占卜就上手」。

篇名
每一篇章為學習者待解的問題，一個篇章解決一個學習問題。

大標
即該篇章內的各個學習主題，每一大標都揭示了一個必須了解的要點。

前言&內文
針對大標主題的重點，展開平易近人、易讀易懂的精要說明。

step-by-step
從學習者的認知、理解角度，以清晰明確的步驟解說、還原完整的學習流程。

dr. easy
針對實務部分，以提供過來人的經驗訣竅和具體實用的建議。

8 塔羅牌的進階研習

·塔羅日記·

　　塔羅日記是一種被全世界塔羅專家廣為運用的學習法，其英文名稱各家或有不同，有的稱之為「Today's Card」，有的則稱之為「A Card A Day」。它可以讓塔羅與我們的生活相結合，讓我們的塔羅牌功力在不知不覺中提昇，而且給了我們從另一個角度看自己的機會。塔羅日記不僅能藉由每天的抽牌，獲得日常生活與塔羅牌之間的對應，還能讓我們在日後從宏觀的角度回顧自己的生活。

塔羅日記流程圖

1
睡前洗牌
每天晚上睡前，先把牌混合均勻（不需使用有逆位置的洗牌法），充分洗牌以後，把整副牌（建議用薄布包著）牌面向下放在臥床附近，以不會被壓到、碰壞為原則。

2
睡醒切牌
起床以後，立即進行「切牌」。然後把切牌放到這副牌最下方。此時可先看切牌是哪一張，也可留待晚上做記錄時再看。

塔羅日記通常不使用逆位置，因此洗牌的時候就不需使用逆位置的洗法。

圖解

運用有意義、有邏輯可循的拆解式圖解輔助說明，將複雜的概念化繁為簡，讓讀者一目了然，迅速掌握核心概念。

顏色識別

同一篇章以統一色標示，方便閱讀及查找。

由聖杯所組成的彩虹，象徵美好而幸福的感情。

圍繞在自然景致中的房舍，象徵自然和諧的家庭。

一家人的姿態與動作，象徵光明歡樂的氣氛。

標籤索引

同篇章中所有大標均列示於此做成索引，讀者可從色塊標示得知目前所閱讀的主題。

塔羅日記

塔羅進修

西洋占星

神話故索

卡巴拉

象徵與顏色

精進牌技

塔羅之道

INFO ✳ 其他進修學識

除了前面所列幾項學識要點外，還有許多與塔羅牌有關的學問，如心理學、宗教學與易經……等等，有興趣的玩家可以深入鑽研，甚至把本身所學的專業知識融入其中。

info

內文無法詳細說明，但卻不可不知的重要資訊。

🔮 早上切牌之後，要不要立即看牌呢？

A 在早上起床的切牌以後，要不要立刻開牌來看視個人的選擇而定。但一般人對所謂的「壞牌」，往往會有擔憂煩惱的傾向。為了避免杞人憂天以及自我實踐諾言的情形產生，筆者建議到了晚上要檢討的時候再打開來看。

Q&A

針對初學者最普遍的疑惑，提供解答。

STORY 高中老師伊旺在睡醒時切牌見到了「死神」，這張帶著負面意涵的牌讓伊旺擔憂一整天。平安無事的一天過去了，納悶的伊旺在塔羅日記的檢討中，猛然想起下午上課時，那隻躺在講檯下面的鼠屍。謎底揭曉了！原來這隻老鼠就是今日「死神」的對應。

story

與主題內容相關的事件或故事，輔助學習「塔羅占卜」。

193

9

What is
the Tarot?

CHAPTER 1

什麼是塔羅牌？

　　塔羅牌是世界知名的占卜紙牌。在十九世紀之前，塔羅牌僅在歐洲及北美流行。二十世紀開始，世界交流以過往的百倍速度進行，也使得塔羅牌成為廣為流傳的神祕占卜工具。

　　世界上的紙牌種類繁多，究竟什麼樣的牌才稱得上是塔羅牌？塔羅牌應該具有什麼樣的形式和功能？它究竟如何運作？本篇將以深入淺出的方式，為大家揭開塔羅牌的神祕面紗。

本篇教你

✡ 什麼是塔羅牌

✡ 塔羅牌的歷史源流

✡ 塔羅牌占卜以外的功能

✡ 塔羅牌為什麼神準

✡ 學習塔羅牌的方法

塔羅牌的組成

標準塔羅牌（以偉特牌為最重要藍本）有固定的形式，總牌數七十八張，其中二十二張的主牌稱為「大阿爾克納」（Major Arcana），也有人譯為「大祕儀」，簡稱「大牌」，編號是0到21。

除了大牌之外，尚有五十六張的「小阿爾克納」（Minor Arcana），簡稱「小牌」，劃分為權杖、聖杯、寶劍和錢幣四個牌組，每個牌組都有十張數字牌與四張宮廷牌，符合以上這些形式的紙牌，才可以算是目前標準的塔羅牌。

INFO ✳ 多兩張牌的托特塔羅牌

世界知名的托特牌（Thoth）由於作者克勞利的構思設計，而有三個版本的魔法師，使得這副牌一共有八十張。但實際使用時，我們還是只從三張魔法師中取一張來用，使用總牌數仍是七十八張。此外，有些牌會附上幾張空白牌，而空白牌不計算在總牌數之內。

☼ 塔羅牌的牌組特色

大阿爾克納

對應	張數	特色
精神	二十二張	精神、中心與象徵

小阿爾克納

四大牌組	對應	張數		特色	類似象徵
		數字牌	宮廷牌		
權杖牌	火	十張	四張	行動與工作	棍、棒
聖杯牌	水	十張	四張	學習與情感	壺、鍋
寶劍牌	風	十張	四張	思考與傷害	刀、匕首
錢幣牌	土	十張	四張	物質與錢財	星、環、盤

 什麼是宮廷牌？

宮廷牌也是人物牌，通常由國王、王后、騎士和侍從這四種人物牌所組成；但也有以王子取代國王或騎士、公主取代侍從的宮廷牌；而現代的塔羅牌則有許多其他新的人物出現。值得一提的是，塔羅牌的宮廷牌與撲克牌的Jack、Queen、King可能有密切的關係。

塔羅牌的歷史

　　「塔羅牌」的英文名稱是Tarot。十四世紀是歐洲文藝復興的萌發期，當時的義大利出現一種叫做Tarocci的圖卡紙牌，這種紙牌經過了多次的流傳和演化，在十五世紀中葉確立了目前的形式（七十八張結構）並延用至今。而Tarocci一詞傳入法國之後，也演變成了目前眾所皆知的Tarot。到了十九世紀末，英國的神祕學團體更大大地深化了塔羅牌的內涵，因而奠定了塔羅牌在現代廣為流傳的基礎。

Tarocci（古典形式的塔羅牌）

INFO ✳ **神祕學的大融爐——金色曙光**

金色曙光（Golden Dawn）協會是由一群奇人異士所組成，其聚會所研習的內容是關於卡巴拉、魔法、煉金術、占星學、生命數字以及各種神祕學問。由於這些人的投入，使得塔羅牌極緊密地與其他神祕學聯結在一起，並催生了三副內涵豐富的頂極塔羅牌。

塔羅牌的演進四階段

① 遠古歷史～**眾說紛紜的源流**

塔羅牌的起源有多種主張。「中國起源說」認為它來自唐朝的葉子戲；「埃及起源說」認為塔羅牌來自古埃及的Thoth之書；「猶太起源說」則堅稱塔羅牌源自猶太民族的通神學及卡巴拉系統；「印度起源說」的學者則主張塔羅牌的牌組圖象起源自古印度的階級標誌。此外還有許多的起源說，使得塔羅牌的遠古歷史更顯得撲朔迷離。

② 中古歷史～**塔羅牌流行於歐洲大陸**

十三世紀開始，歐洲逐漸出現圖象占卜紙牌的蹤跡。到了十五世紀中葉，天主教方濟會的修士開始在義大利北部使用具備目前形式的塔羅牌，加速了塔羅牌的演進。

③ 近代歷史～**神祕學團體發揚光大**

一八八八年，近代西方最重要的神祕學團體「金色曙光」在倫敦成立。這一群鑽研神祕知識的人以深厚的神祕學底子，深化了塔羅牌的內涵，並創作出偉特、托特與金色曙光三副塔羅牌，對塔羅學術有極卓越的貢獻。

④ 現代發展～**塔羅牌蓬勃發展**

從二十世紀迄今，資訊的傳播以前所未見的速度發展，塔羅牌也在這樣的時勢中，從歐美國家流傳到全世界。此時的塔羅牌在各種文化思想的衝擊下，激盪出無數火花，也因而產生上千種不同面貌的塔羅牌。在這種世局中，塔羅牌的魅力更藉著媒體不停地散發出去，當代可說是塔羅牌急速發展的時期。

塔羅牌用來做什麼？

　　傳統上，塔羅牌最主要的功用就是「占卜」，它可以幫助問卜者做出最適當的抉擇。除了占卜之用外，它還具有「靈修」的功能。許多歐美的修行者會使用塔羅牌分析自己的身心靈整合程度，以推動自己身心的進化。此外，「收藏」與「遊戲」也都是塔羅牌的功能之一。

✹ 塔羅牌的功能

功能	說明
占卜 	占卜是塔羅牌最主要的功能，它可以精準地分析當事人的心理、當前處境，並且預測未來的走向，以幫助問卜者做出適宜的抉擇。當塔羅牌研究者做了一個特殊的夢而無法自行解夢時，也可以借由塔羅牌的輔助，達到占夢的效果。
靈修 	塔羅牌可說是一種「直覺發送器」，具備了「直指人心」的效果。因此，許多新時代運動的愛好者和塔羅學者，會透過塔羅牌分析自己的身心靈整合度，以找出自身的缺陷或性格上的盲點，推動身心的進化與精神的提昇。

功能	說明
收藏 	經過數百年的演變與現代資訊傳播的推波助瀾，許多畫家和藝術家參與了塔羅牌的設計，創造出全世界上千種的塔羅牌。其中具有藝術收藏價值的牌也不在少數，因而出現了許多以收藏塔羅牌為樂的收藏家。
遊戲 	塔羅牌做為一種紙牌，自然也有遊戲的功能，目前在義大利流傳的常見塔羅牌遊戲至少十種。但依全世界塔羅使用人口而言，願意拿價值不菲的塔羅牌來玩遊戲的比例算是蠻低的。
其他	除了以上所提之外，塔羅牌還有造命、幫助意識延伸，以及一些神祕學的功能，在此暫不贅述。

INFO ✳ 占卜是塔羅牌的主要功能

占卜功能是所有塔羅牌都具備的，但目前被視為占卜功能首選的牌是萊德‧偉特塔羅牌（簡稱偉特牌）。此外，馬賽牌與克勞利‧托特牌（簡稱托特牌）也廣泛地使用於占卜上。至於靈修功能則以托特牌最受推崇，其中豐富的神祕學內涵，至今還沒有其他塔羅牌能夠超越。

塔羅牌為什麼這麼準？

　　塔羅牌的準確度相當令人驚奇。二十世紀後期，塔羅牌從歐美國家傳到東方，從未接觸過塔羅的一些玩家非常訝異它的精準，但同時，卻又不明白箇中道理。為了解釋塔羅牌這樣神奇的準確度，因而有了種種關於「牌精」的傳說和揣測。但在塔羅牌真正盛行的歐美國家，塔羅專家對於塔羅牌驚人的準確度又有什麼樣的解釋呢？

塔羅牌準確度的保證——榮格心理學

　　在東西方交流頻繁的現代，我們可以輕易地從西方塔羅牌學者的著作中發現，榮格（C.G. Jung）的心理學理論，才是普受認同的塔羅牌運作原理。榮格的理論不只可以合理地解釋塔羅占卜的精準，更能免除塔羅玩家許多無謂的心理困擾。

榮格大師

 榮格是誰？

A 心理學家榮格於一八七五年生於瑞士，其學說為「分析心理學」。除了對心理學的偉大貢獻外，他也高度關注靈魂學和神祕學。晚年更因《易經》的啟發而提出「共時性原理」，可說是一位融合東西方文化的智者。

塔羅牌 VS. 榮格心理學

　　塔羅占卜師與問事者的心靈都在人類的「集體潛意識」之中，而占卜過程中的抽牌因為「共時性原理」而與占問之事產生關聯，至於塔羅牌面上的圖象，就是集體潛意識當中的「原型」。所以，占卜師所需要的解答訊息，也就會從集體潛意識中透過塔羅牌圖象等「原型」，顯現在我們的表象世界中。這就是以榮格理論來解釋塔羅占卜的運作機制，也是歐美大部分塔羅牌專家所認同的運作原理。因此，塔羅占卜的準確度是理所當然的。只要我們了解榮格的心理學理論，就不必胡思亂想、盲目地解釋塔羅牌，只要忠實地解讀牌義即可。

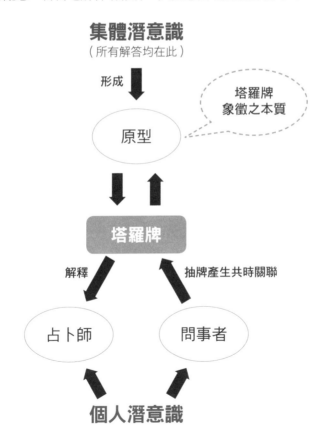

心理學層面的對應

對應1 集體潛意識

榮格承襲了其師佛洛依德的潛意識理論，並加以擴大分析為「個人潛意識」和「集體潛意識」。集體潛意識的主要論點是「人類有共通的心理機能，能透過遺傳的方式，承接太古時期的潛意識」。這太古時期的潛意識，榮格稱之為「集體潛意識」。這是屬於較專業的心理學理論，初學者只要記得人類的心靈都是共通的，是一個整體，這個聯結所涵括的所有人類心靈的東西，都可以稱為「集體潛意識」。總而言之，集體潛意識是我們透過塔羅牌獲取解答的源頭。

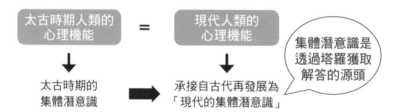

對應2 原型

「原型」是「理解的典型方式」，它是普遍、集體而原始的思考形式，是全人類所共有的。「原型」同時也是集體潛意識的結構性元素，並創造出種種圖象，它與「集體潛意識」是不可分割的兩個概念。而當「原型」顯現在世界上，即是所謂的「象徵」。例如河流象徵感情，月亮象徵多變不安，棍杖象徵能量精力……等等。

原型＝理解的典型方式

➡ 是指普遍、集體而原始的思考方式。

當原型顯現在世界上即為象徵

河流 象徵➡ 感情

例 月亮 象徵➡ 不安

棍杖 象徵➡ 能量精力

對應**3** 共時性原理

「共時性原理」是榮格在受到《易經》的啟發後推論出來的，也譯為「同時性原理」。它以非因果關係把巧合事件連繫起來。從共時性原理來看，宇宙中充滿了有意義的巧合，看似偶然的事物，其實都暗藏微妙的關聯。我們用一個簡單的例子來解釋：小明在指考放榜當天經過一場婚宴，聽到許多恭喜聲，隨後就接到自己高中第一志願的消息。「聽到恭喜聲」與「接到好消息」這兩件偶然的巧合，就是所謂的「共時性事件」。

共時性原理 ➡ 宇宙中充滿有意義的巧合，偶然的事物間，
其實隱藏微妙的關聯。

 小明指考放榜回家途中經過婚宴

結果

1 聽到許多恭喜聲 ◁ 暗藏微妙關聯 ▷ **2** 隨後接到高中第一志願通知

對應**4** 個人潛意識的重疊

雖然每個人的個人潛意識都與集體潛意識相聯結，但一般人的心性修為尚未達到可從集體潛意識任意擷取訊息的境界，因此在占卜上就有了「相關性」的限制。也就是說，塔羅占卜必須鎖定與個人相關的事物，而且不能隨意代替不熟悉的人占問。不論兩人是以面對面或其他方法溝通，彼此的個人潛意識都需重疊，才可互相擷取訊息以利占卜。

INFO ☀ 至親好友才能代人占卜

在當事人未參與的情形下，除非問事抽牌的人是與當事人互動頻繁的至親好友，否則他人代為占卜原則上是不行的。因此，母親可以代替孩子占卜；但同事代替同事占卜則是不恰當的。簡而言之，代占必須具備以下兩個條件：

1.代占者與當事人的關係親近。
2.代占者與當事人的互動頻繁。

如何第一次塔羅占卜就上手?

　　許多對塔羅牌充滿熱情的朋友,都希望有一個明確的步驟指引,以便快速地學會塔羅牌。這一節將以簡單明瞭的方式,帶領大家走過學習塔羅牌的歷程。舉凡學習塔羅牌的各種方式、各階段的學習重點或可能遇到的問題,都會在這裡清楚呈現。

塔羅學習法介紹

觀牌學習法

先深呼吸幾次,讓精神放鬆,然後保持自己的視線柔和,以愉悅的心情從整體宏觀一張牌,再抓住直覺對這張牌的感受與詮釋。接著從微觀的角度入手,注意牌的顏色、構圖。看看牌中人物的表情、姿勢、動作和服裝,再仔細查看背景與其他細節,最後想像牌中人物的處境與心態,然後記下心得感想,以發展出屬於個人的「觀牌詮釋」。

優點
擁有個人化之牌義、聯結較深刻

缺點
效果因人而異、過度依賴直覺

適用對象
- 直覺力強的人
- 較感性的人
- 一般人

客觀學習法

- 從塔羅牌的學理下手,了解每張牌的背景知識,(如歷史、神話、宗教、象徵、神祕學符號……等等)廣泛研讀專家著作,客觀地認識每一張牌。
- 學習每張牌在塔羅界的「主流詮釋」,再將之濃縮為關鍵字,以配合圖象做輕鬆愉快的記憶。

優點
重視學術探討、步驟明確的推理解牌、不易偏離主要牌義

缺點
牌義的理解易受限制、變通能力待加強

適用對象
- 立志成為塔羅牌專家的人
- 邏輯推理力強的人
- 一般人

- 應用時，藉著牌面圖象喚回對牌義關鍵字的記憶，然後延伸到整張牌的學理知識，從牌與牌之間的對應關係，正確解釋牌義。

日記學習法

- 每天睡前把牌洗好（不分正逆位置）放在床邊，隔天早上醒來就切一張牌（日記牌）。
- 當天晚上睡前回憶這一天的情境，並找出與日記牌的關聯。
- 把心得寫在日記本上，以不同顏色的色筆記錄，例如：大阿爾克納牌用紫筆、權杖用紅筆、聖杯用藍筆、寶劍用黃筆、錢幣用綠筆。
- 隨著塔羅日記的進行，個人的生活將與塔羅牌逐漸結合，而發展出更強的聯繫。

優點
與生活結合、印象深刻清晰、同時探索生命軌跡

缺點
學習進度不易掌控、理解較為片面

適用對象
- 有恆心、耐心的人
- 喜從生活中學習的人
- 有討論環境的人
- 一般人

其他學習法

其他尚有冥想學習法、情境模擬法、討論學習法……等等，主要方法雷同處甚多，故不多加贅述。

INFO ☀ 本書採用的學習法

本書將引導大家採用「觀牌學習法」與「客觀學習法」雙軌進行。觀牌學習的部分，請大家在閱讀本書牌義（主流詮釋）之前勤加練習，以達到最佳的效果。而本書第三篇的七十八張牌資料，即屬於「客觀學習法」的部分，筆者會以最精簡有效的方式引導讀者。

學習塔羅的流程

我們先以流程表的方式說明學習塔羅的步驟，並提示各階段的學習重點以及可能會遇到的狀況。

1

塔羅牌的基礎知識

在這個階段中，不但要了解塔羅牌的形式、歷史和功用，更重要的是建立正確的塔羅觀念和主要的學習法。（參見第一篇）

2

塔羅占卜的方法

挑選一副合用的牌，然後熟練占卜的流程和相關的禁忌，先學會幾個簡單而重要的牌陣，以便正確地使用塔羅牌占卜。（參見第二篇）

3

塔羅牌義的研究

先了解塔羅牌的牌義，再學習塔羅占卜的基本功。了解與學會每一張牌的意義與詮釋方法，是這個階段的主要任務。（參見第三篇）

4

研究牌陣與解牌技巧

針對不同類型的問題，學習運用不同的牌陣，並且鑽研各種解牌技巧。此階段中，大量練習是累積解牌功力最重要的關鍵。（參見第四～七篇）

5

進階塔羅牌研究

在學會塔羅牌占卜，並了解其精神之後，就能藉由塔羅牌探索東、西方神祕學，進而探索生命，由技而入道。（參見第八篇）

INFO ☀ 塔羅是可以入道的占卜技術

一般人往往以為塔羅只是種占卜技術而已，但其實塔羅更可以是探尋真理、體察天道的媒介。莊子＜庖丁解牛＞的寓言，就以非凡的睿智提到「臣之所好者道也，進乎技矣！」塔羅就是這樣一種可以入道的「技」。

The Basics of Tarot Cards

CHAPTER 2

如何用塔羅牌
進行占卜？

占卜是塔羅牌最主要的功能。讀者在大致了解塔羅牌是什麼以後，接下來就要開始學習如何使用塔羅牌占卜。塔羅牌占卜並沒有絕對固定的步驟，但對初學者而言，按照一定的流程和要求來進行，可以確保占卜品質。本篇要介紹的就是占卜本身與占卜前後的注意事項。

本篇教你

⬡ 挑選適合自己的塔羅牌

⬡ 塔羅占卜的流程

⬡ 塔羅牌的各種禁忌

如何選一副適合的牌？

　　世界上有上千種琳瑯滿目的塔羅牌，但真正暢銷全球的，依然是出自名家手筆的幾副古典塔羅。這幾副風行全世界的塔羅牌，共同的特色是歷史悠久、設計講究與同好眾多。有志於學習塔羅牌者，一定要認識這幾副經典之作，選一副適合自己的好牌，才能充分發揮占卜的功力。

塔羅1 萊德・偉特塔羅牌

偉特牌（Rider・Waite Tarot）是目前全世界銷售冠軍的塔羅牌，這副牌的原創者偉特（A.E. Waite）是金色曙光協會的重要成員，他於一九〇九年出版了這副塔羅牌，其特色是以具體故事圖象來呈現小阿爾克納的意義，簡單易學又兼顧神祕學內涵。目前世界上的新興塔羅牌大多是以偉特牌為藍本所設計的。如果要從眾多的塔羅牌中選出一副國際標準版，偉特牌可說是當仁不讓的第一選擇。

塔羅2 克勞利・托特塔羅牌

托特牌（Crowley Thoth Tarot）又稱為埃及塔羅牌，使用大量埃及神話是它的重要特色之一。這副牌是號稱近代最偉大巫師的克勞利（Aleister Crowley）所設計，

融合了易經、神話、卡巴拉、占星術、煉金術、魔法和象徵⋯⋯等元素，不僅使它備受肯定，也使它成為靈修者心目中的最愛；不過這也是造成初學者難以深入其內涵的主因。儘管托特牌的難度較高，但它仍然是美國的銷售冠軍。

塔羅3 馬賽塔羅牌

馬賽牌（Tarot de Marseille）是出自於法國的經典塔羅牌，它已有三百年的歷史，其畫風簡單樸素、用色較少，與撲克牌頗為相似，其小阿爾克納數字牌也只是單純畫出與該數字等量的牌組象徵而已。此外，馬賽牌在法國的普及程度與撲克牌相比可說是不遑多讓，在一般商店就購買得到，而歐美各國都看得到其蹤跡。

塔羅4 其他

除了這三副銷售全球的世界名牌以外，還有其他歷史久遠而內涵豐富的名家之作，也是讀者必須認識的。例如：1JJ塔羅牌（1JJ Swiss Tarot）、金色曙光塔羅牌或是古董級的維斯康提塔羅牌（Visconti Tarocchi），它們的銷售量雖然不如三大名牌，但也都堪稱經典作品。

金色曙光塔羅牌

29

挑選塔羅的原則

選牌法	原則與特色	適用對象
專業選牌法	選牌的時候，以塔羅牌的專業性為首要考量。由於塔羅牌融合了許多深邃的西方神祕學，因此唯有出自專家手筆的牌，才能忠實呈現出塔羅牌深厚的內涵。而塔羅牌的極致功力，也必須透過專業的牌才能完全發揮出來。前面介紹的世界名牌，大多能夠符合專業性的要求。	●專業研究者 ●心靈修行者 ●塔羅占卜師 ●塔羅收藏家
直覺選牌法	以個人的偏好和感覺為選牌的主要依據。從心理層面來看，挑選一副發自內心喜歡的牌，這種心理上的正面暗示與投射，有助於個人與牌義的聯結和直覺力的發揮。在國內外的塔羅專賣網站有上百種塔羅牌可供挑選，只要看得對眼，就抓住這種選牌法的精神了。	●塔羅占卜師 ●塔羅收藏家 ●業餘玩家

選牌法	原則與特色	適用對象
娛樂選牌法	以便宜和輕鬆為主要考慮因素，不需顧慮專業性。業餘而隨興的玩家若要獲得便宜的牌，可以從許多國內塔羅書籍當中，挑選附贈紙牌（通常只有二十二張）的購買。也可以從各種可愛新奇、出自漫畫家手筆的塔羅牌當中，挑選合意的來玩。	●業餘玩家 ●塔羅收藏家
綜合選牌法	以專業考量為主，直覺選牌為輔。先挑出專業性足夠的世界名牌或經典名家之作，再依自己的直覺喜好從中挑選最適合自己的牌。這樣的選牌法不但適合專業學習的路線，又能兼顧直覺感受的發揮，不失為兩全其美的方式。	●專業研究者 ●心靈修行者 ●塔羅占卜師

INFO ☀ 初學者快速選牌建議

當初學者想要一副夠專業、同好多、又容易學習的塔羅牌時，偉特牌通常是最佳的選擇。然而有些人或許會覺得這副近百年的牌不夠漂亮，那麼，以偉特牌為藍本，再重新上色的普及版偉特牌（Universal Waite Tarot）將是最佳的替代品。

31

塔羅占卜的流程

塔羅牌的高手都明白占卜流程只是一種形式，這些形式是可以被突破的。然而對初學者而言，有一定的占卜流程可以依循，將能更有效率地學習，並確保一定程度的占卜品質。即使是塔羅老手，也知道在多數情形下恪遵占卜流程的重要性。現在，我們將以最簡易明瞭的方式，來說明塔羅牌占卜的整個流程。初學者剛開始的時候，先採用正位置的占卜法即可，暫不需考慮逆位置。

1

發問

占卜前先由問卜者提出問題，占卜者再依據問題決定使用的牌陣。發問應以單一的問題為原則，避免複合型的問題。最重要的是，應選擇有建設性的問法，以便帶來正面的助益。

INFO ☀ 如何發問？

問卜者發問時應該選擇單一的問題，如「我選擇這項工作能否獲得成長？」或「這份工作的薪資報酬如何？」不要問複合型的問題，如「我在工作當中的財運狀況、與老闆的關係以及和同事的互動如何？」因為複合型問題會讓占卜者難以判定塔羅牌所回應的是何者。此外，應該選擇有建設性的問法。如「我該如何準備明年的考試？」就比「明年考試會不會考上？」要來得正面而恰當。

2
洗牌

提出問題並決定牌陣之後，接著就要進行「洗牌」。洗牌的精神在於把牌混合均勻成亂數狀態，只要達到這個目的即可。洗牌的方式不必太拘束，但若是對正逆位者有所區分，就請用正逆交叉的洗牌法。

3
切牌

洗完牌之後將牌收攏，然後請問卜者（若是自占則是占卜者本身）進行切牌。切牌就是從整副牌上方取出一部分再置放到下方，最下面的那張就是切牌，這張切牌將顯示出當事人的心態。

4
展開

整副牌牌面向下放在桌布上，然後展開成為扇形或直線形，以方便問卜者從中抽牌。若空間夠大，占卜者也可以把牌攤開成其他方便進行抽牌的形狀。

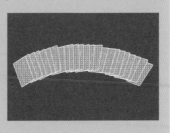

5
抽牌

請問卜者從展開的牌中，依決定使用牌陣的牌數取出若干張。抽牌時盡量使用非慣用手，以不改變正逆位置的方式一張一張抽出，並依抽出順序排成一列，此時牌面依舊向下。

6
牌陣

占卜者依照牌被抽出來的順序，按照牌陣當中位置的次序擺出此次占卜牌陣，再依序把牌翻開成正面，凝聚心神，準備進行解讀的工作。

7
釋義

當牌陣的每一張牌全都呈現眼前時，就要開始解讀牌義與牌陣了。建議初學塔羅的玩家先依照牌序進行解讀，最後再加以整合，做出完整、準確的判斷。

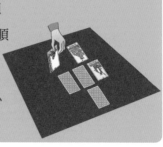

8
建議

正確解讀牌陣、牌義之後，接下來就要進行最重要的建議了。前面完成的步驟，只是一個塔羅占卜師的本分。唯有不帶私心、毫無偏見地為當事人提出建議，才是占卜功力的最終判準。一位塔羅占卜師的智慧和境界，將由此看出。

占卜之前的靜心

占卜前的最佳狀態，應該是沒有得失心與情緒波動的。任何能夠達成靜心目標的方法，都是好方法。有的人喜歡以緩慢深長的呼吸來靜心，有的人則喜歡冥想靜坐一會兒，有些人會使用水晶或焚香，有的人則借重音樂和氣氛。無論藉由何種動作或器物，只要能讓占卜者與問卜者的心靈平靜就行。

塔羅牌有什麼禁忌？

　　在使用塔羅牌的過程中，有一些應該注意的事項，以及應該避免的禁忌。一般而言，若觸犯了禁忌，不是使準確度下降，就是做出不適當的占卜行為。為了讓讀者能夠順利學習占卜的過程，分別以「占卜前」、「占卜時」和「占卜後」三個方面依次說明。

占卜前

Point 1 新牌的拆封

當我們買了一副新的塔羅牌，依據派別的不同而有不同的拆封方式。筆者建議玩家採用歐美多數塔羅牌專家的方法：不做任何的儀式。只要以不損及塔羅牌的方式小心拆開封套即可。

Point 2 選擇包布與封套

為了保護價值不菲的塔羅牌，拆封之後，占卜師最好購買以自然材質（如棉、絲等）製成的淡色布包覆塔羅牌，以防止受潮與摩擦。另外，還可以購買適當的布套、棉套、小布袋或盒子來裝牌，提供更完善的保護。

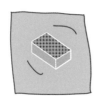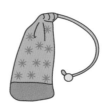

Point3 挑選適合的占卜墊布

占卜的時候，我們需要一塊黑色或深藍色的絨布墊在桌上，做為占卜活動的區域。深色系有助於突顯牌面，方便我們解讀圖象，而絨布則可以隔絕粗糙的桌面，避免磨損塔羅牌。

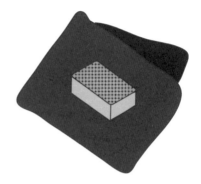

Point4 占卜時地的選擇

少數敏感體質的人不適合在子時與日落前後進行占卜，一般人則可以不必忌諱。至於占卜地點，以明亮、乾淨與舒適的環境為佳。此外，最好避開風大或潮溼的地方，以免把心愛的塔羅牌弄壞了。

INFO ✳ 身心狀態影響占卜結果

身心狀態不佳時，不適合占卜。例如：身體有病痛而導致精神無法集中、工作勞累使得精神不濟、酒醉頭昏時的意識昏亂、情緒起伏過大、主觀偏好過於強烈……等等，這些情形都會影響牌面的呈現與解讀的精確度。

占卜時

Point 1 占事的性質

對於涉及專業領域的事務（如醫學診斷、法律訴訟或股票買賣等問題）請當事人回歸專業，例如詢問健康請先去看醫生，不要本末倒置，過度依賴塔羅牌。至於生死大事，也不建議占算。不是不能，而是不為，這當中有許多層面的考量，讀者可以自行體會。

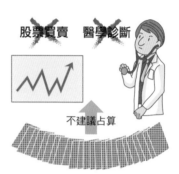

股票買賣　醫學診斷

不建議占算

中華隊的勝負如何？

Point 2 相關性

相關性指的是塔羅占卜時，只能針對與自己密切相關的人事物來占算。因此，塔羅占卜不宜用於預測國家大事、球賽勝負或是私自占算他人的隱私。這種相關性是受限於個人與集體潛意識聯結的深度所致。

Point 3 洗牌與抽牌

如果洗牌和抽牌都由當事人親自進行的話，可以獲得最大的互動。但為了避免他人因不諳洗牌而導致牌的掉落、污損，通常占卜者會自己洗牌，只要抽牌由當事人親自來抽，都會有足夠的互動性。如果以電話或網路占卜（不建議初學者），那就必須以加強互動性的方式，來彌補當事人無法親自抽牌的缺憾。

占卜後

Point 1 收牌

占卜結束以後，記得慎重收回所有的牌。最保險的做法是仔細數一數有沒有七十八張牌，以免遺落了幾張就損失慘重了。收好牌之後，記得放入包布之中，再以布套收好。

Point 2 摸牌

以榮格心理學來詮釋塔羅運作的占卜師，其心中較沒有罣礙，所以能夠允許塔羅牌給他人欣賞把玩。但有些不同派別的玩家會在意他人觸碰自己的塔羅牌，因此，在觸摸他人的塔羅牌之前，先徵求持有人的同意是必備的禮貌。

Point 3 收藏

塔羅牌使用完畢之後，記得將它收好擺在乾燥陰涼的地方，以避免溼氣和光線所造成的傷害。若長期不再使用該副牌，則可以依照說明書中的牌序將牌收進原裝盒當中，以回復其原始狀態。

Tarot Cards Meanings

CHAPTER 3

七十八張
塔羅牌的牌義

　　認識每一張塔羅牌的牌義，是學習塔羅牌占卜的基本功。不過，對一個初學者來說，完整的學習並記憶七十八張牌的牌義是有些難度的。本篇針對這一點，採用圖象結合牌義的方法，幫助讀者了解並記憶；至於神祕學的意涵與詮釋，本書僅能擇要介紹之，做為牌義學習的開端。

本篇教你

✦ 牌義學習概論

✦ 二十二張大阿爾克納牌義

✦ 四十張小阿爾克納數字牌義

✦ 十六張小阿爾克納宮廷牌義

✦ 逆位置的解釋法

為什麼要了解牌義？

學習七十八張塔羅牌的牌義，是所有塔羅研究者必經的過程，這是必需的基礎工作。所有的高手或大師，一定都經過這段認真學習、體會牌義的階段。

如何成為塔羅高手？

為了讓初學者也能夠輕易了解，筆者在此採用較簡略的方式，介紹成為塔羅高手的過程，以便讀者從中明白學習牌義的重要。

1
宏觀塔羅牌的整體輪廓

在學習塔羅牌之初，必須先從宏觀的角度，認識塔羅牌的整體輪廓，以建立全面的視野與正確的觀念，然後參考塔羅界正派學者的解讀，大致掌握塔羅牌的中心精神，確保之後的學習過程不致偏離正途。

2
認識每張牌的牌義

塔羅牌的整體輪廓就像是一棟大樓的設計圖，而學習牌義就是實際堆疊出這棟大樓的一磚一瓦。認識塔羅的輪廓可讓學習有計畫，了解牌義則是塔羅學習的基礎功夫。若沒有設計圖，大樓會蓋得亂七八糟；若沒有磚瓦，則根本不會有大樓。因此，認識牌義是學習塔羅的必要過程。

3

學習與運用牌陣

了解基本牌義以後，如何善用牌義、結合牌義，甚至變化牌義？這就要倚賴牌陣的學習與運用。簡單來說，牌陣就是用來解決問題的圖形與陣式。就像鋼筋的存在使得磚瓦有了憑依，牌陣的存在讓牌義變得富有生命。靈活使用牌陣，就能產生更多的變化與解決問題的線索。

4

超越牌陣與牌義

牌陣與牌義之於塔羅，就像鋼筋、磚瓦之於大樓，是基礎也是框架。我們應該善用這兩者，但不應為其所限。精通牌陣與牌義的人，能在融會貫通後，擁有超越框架的潛力。如此一來，解牌的時候便不再只是基本牌義的變化，而可以融合占星術、卡巴拉、神話學……等等，掌握塔羅精神，超越牌陣與牌義。

5

以「心」解讀塔羅牌

當研究者能夠真正掌握塔羅牌的精神時，就能夠千變萬化地使用塔羅。掌握了中心精神，就能萬變不離其宗，因時制宜、因利制權，所有變化存乎一心。也因此，在運用牌義的時候就能超越它，不為牌義所限制，這樣就達到以「心」解讀塔羅牌的境界了。

七十八張塔羅牌的組成

　　七十八張塔羅牌可以分成幾個部分。若以抽象和具體為分界，則有大、小阿爾克納兩組牌。如果用精神與四元素為區分，則可畫分為五大牌組。如以系統相似度來分隔，則可分為二十二張大牌、四十張小阿數字牌與十六張小阿宮廷牌等三部分。在本篇當中，為了讓讀者利於學習和吸收，將以系統相似度來區分牌組，並分別說明牌義。

三部分概說

Point 1 二十二張大阿爾克納牌

這二十二張牌是整副塔羅牌當中的精神與樞紐，不僅可以對應二十二個希伯來字母，也可以和卡巴拉生命之樹的二十二條路徑相呼應。這二十二張牌的圖象比另外五十六張更生動活潑，而且呈現出人類潛意識當中的許多原型。因它們自成一系統，所以也常被初學者單獨使用占卜。

INFO ✳ 什麼是卡巴拉？

源自猶太教的卡巴拉在近代已成為西方神祕學的要角，其字義為「傳承」、「接收」或「接受」，目的是要提昇人類的精神層次。其主要內涵為生命之樹的圖象。本書的第八篇，將會有更詳細的介紹。（參見P204）

Point2 四十張小阿爾克納數字牌

這是由四組小阿爾克納的一到十號牌所組成。權杖、聖杯、寶劍與錢幣牌組不僅各有不同的特質，彼此間也存在著微妙的關聯。以西方神祕學的眼光來看，十張數字牌還可對應到「卡巴拉生命之樹」的「十球體」；生命之樹的課題、演化路徑與修行方式都聯結其中。同時，十張數字牌還包含了希臘羅馬神話的情節。「具體、直接」是這四十張牌的共同特色。

Point3 十六張小阿爾克納宮廷牌

宮廷牌又稱人物牌，分別由侍從、騎士、王后與國王四個牌組組成，總共有十六張宮廷牌，可表現出十六種人物的特質，也能顯現出十六種情境或事件，可說是七十八張塔羅牌當中，用來顯現人物特質的最佳利器。

大阿爾克納牌

　　大阿爾克納的英文是Major Arcana。major的意思是主要、重要或較大的，所以本牌組也常被簡稱為「大牌」或「主牌」。至於arcana則是arcanum的複數形式，意為「奧祕」或「玄祕」，在國內塔羅界常被譯為「祕儀」。因此，本牌組亦有人稱之為「大祕儀」；相對而言，小阿爾克納則被稱為「小祕儀」、「小牌」或「次牌」。

大牌的內涵

　　大牌在傳統上比小牌擁有更豐富、華麗以及具故事性的圖象，相對於傳統小牌的簡單圖形，歷代塔羅牌設計者都在大牌下了較大的苦功，同時也致力於融合神祕學、神話學、心理學等各家之要。因此，大牌無論在形上學、哲學、宗教或智慧內涵上都優於小牌。但由於大牌的內涵太豐富，也導致其牌義較為廣泛和抽象，故有占卜師功力深者見其深，淺者見其淺的現象。

 塔羅牌可以占卜國家大事嗎？

　　一般而言是不行的。除非當事人是總統、行政院長或其他的國家決策人物，其一言一行影響國家甚鉅，故個人潛意識與國運有極強的共鳴，才能行此占卜。一般人想占卜國家大事是不會準確的。

愚人牌黃色的背景代表開
朗樂觀的心境，人物原型
是希臘羅馬神話的酒神戴
奧尼索斯，是名流浪人間
的天神，符合愚人牌的意
義。服裝上的葡萄藤同時
暗示他身為酒神的身分。

大牌的解讀重點

　　大牌由於其精神內涵、大量的象徵與較抽象的思維，使得在七十八張牌的占卜上，往往表現得較為深邃。大牌常常呈現出事件的心理情境，或是精神層面的因素等等。而這是功力較高的塔羅研究者應該解讀出來的。因為，每個人終其一生都在用心創造自己的實相（無論是有意識或無意識），而大阿爾克納牌則能幫助我們對心的探索。

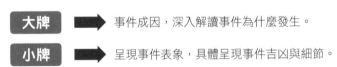

| 大牌 | ➡ | 事件成因，深入解讀事件為什麼發生。 |
| 小牌 | ➡ | 呈現事件表象，具體呈現事件吉凶與細節。 |

⁑多張大牌出現於占卜中

當一次的占卜中出現了多張的大牌，經常代表當事人「想多做少」的狀況，而且精神性的因素可能是本事件的主因或主體。如果當事人無法體會較高意識的解牌分析，可以請他在每張大牌上外加一張從牌堆中任意抽出的輔助牌，以求把牌陣的思想層次用較具體、明確的形式來呈現。

0 愚 人

　　愚人牌代表愚蠢憨直的人。若從正面的角度來看，愚人也可以比喻純真自然的人。他四處飄泊的特性，讓愚人牌帶有不穩定的意涵。愚人的行為帶有些許的瘋顛，不過他就像酒神戴奧尼索斯一般，狂放的背後藏有脫俗的智慧。愚人清楚地知道：生命的喜樂，往往藏在當下的分分秒秒裡，平凡的事物當中，總有著無限的雋永，而活在當下的人，對於自己的一言一行，總是帶著清楚的覺知。

帶著裝有四元素物品的包袱四處流浪，象徵愚人飄泊不定的特質。無論對生活、工作或感情而言，愚人經常處於不穩定的狀態。

抬頭而望的愚人忽略了前方的陷阱。只要對未來多些規畫與謹慎，就能有效防止危機的發生。

愚人左手的小白花，顯化了主人純真的內在。右腦掌管的左手，則強化了愚人順隨直覺而生活的特點。

主人身旁的小白狗不停吠叫，提醒主人面前的危機，可說是警訊的象徵。

STORY 面對口試委員的發問，考生小萍天真活潑地回應著。歡樂而開朗的表現，是小萍呈現出來的優點，但過度率真而欠缺思慮，卻是她的弱點。愚人牌的特質，藉由小萍清楚展現出來。

1 魔法師

魔法師相對於女祭司，是一張主動、積極而陽性的牌，這也是魔法師身穿紅袍，一手指天、一手指地的原因。天地之間的能量經由他的雙手流過身軀，與萬化相通。因此，在各種問事的占卜中，魔法師牌給予的建議通常代表著進取、向前的意思。希臘神話當中的天神漢密斯（Hermes）是魔法師牌的神話源流，因而良好的溝通也是它的重要牌義之一。

大阿爾克納的第一張牌，代表行動、感情、事業及各種計畫的開始。

魔法師頭上無限大的符號，象徵知識的無窮無盡，也表達主角旺盛的求知欲。

地水火風四大元素的出現，暗示計畫的實踐已萬事齊備，只欠東風。此外，對於四大元素的掌握，也讓人聯想到世間的學習。

天地之間的能量經由魔法師的雙手流通，能量循環不已，使他擁有無比的創造力，同時也代表溝通良好的能力。

STORY 阿宇在準備研究所考試，他以塔羅牌檢驗學習進度與實力。魔法師牌的出現讓他放下心中的大石。阿宇雖然還沒完成準備，但教材已經齊備，重點的閱讀也已達成，目前的學習情況相當順暢。

2 女祭司

　　女祭司是一位平靜、沉默而莊重的人，智慧與直覺是她的特長。各種神祕學相關的事物與學習，都與這張牌有相當程度的關聯。靜默帶來智慧與精神力，但也抑制了情感上的波動，故對感情占卜而言，這是一張缺乏熱情的牌，且往往帶有拒絕的意涵。對其他方面來說，女祭司經常提醒我們直覺的重要，而「以靜制動」則是女祭司牌經常被使用的建議方針。正如道家主張「致虛守靜」，好讓洞察真理的智慧與直覺能夠發揮出來。

女祭司手中的卷軸，TORAH（教諭）被遮住了H，象徵女祭司的隱微之智。

布幔後平靜的湖面代表靜止的狀態。水又代表感情，背向湖水的女祭司，象徵逃避感情的心境。

月亮是直覺的表徵，女祭司清晰的洞察力，在此表露無疑。傾聽內在心靈的聲音，為女祭司帶來智慧與成長。

STORY 小明二度遭到拒絕的情形下，仍然打算向小貞第三度告白。小明抽到了女祭司牌，代表對方的心態。告白結果出爐，小貞依舊逃避感情的態度，印證了女祭司的預測。

3　皇　后

　　皇后牌具有大地之母的形象，與希臘眾神中掌管作物豐收的穀神狄蜜特（Demeter）做為對應，她是母性、包容與慈祥的綜合體，具有《易經》坤卦「厚德載物」的內涵。人類心中的慈母形象具體地呈現在皇后牌之中。皇后在牌圖當中慵懶、舒適、和諧的情境，在大自然的背景裡盡顯無遺。因此，無論是感情、學業、工作或旅行等占卜，皇后牌的出現代表著愉悅、歡樂和豐收的感覺。並且在有關家庭或婚姻的占卜中，皇后牌經常捎來懷孕或生產的消息。

皇后慈祥溫和的面容，呈現出人類潛意識當中的母親原型。母性的光輝與慈悲，都蘊含在這副牌的圖象當中。

見到皇后寬鬆舒適的衣著（看似孕婦裝），不禁讓人聯想到懷孕與生產，這兩者都是這張牌的重要意義。

心形的石板上，繪有代表愛情的金星符號，象徵皇后牌感性、喜悅的一面。

座前盛長的麥穗，暗示著皇后牌豐收、自然的牌義。

THE EMPRESS.

STORY　為了順利通過公務人員高考，小靜閉關苦讀半年。一轉眼，考試的日子已逐漸逼進，究竟小靜半年來的苦心能否獲得回報呢？代表豐收、喜悅的皇后牌，給了小靜肯定的答覆。

4 皇 帝

　　皇帝牌代表了人類文化中的嚴父形象，這張牌不僅僅是父權、威嚴的象徵，相較於皇后牌，他還是一張強勢、控制與掌握的牌。皇帝牌對於人際關係的互動而言，代表較強的占有欲和控制欲，再加上身穿盔甲所象徵的心防，更顯得皇帝待人處事方式不夠成熟。皇帝牌類型的人在與人相處時，容易陷入「審問者」的控制遊戲角色。對事業上的占卜而言，適當的自我約束則是皇帝成功的方法。

皇帝嚴肅的容貌，正是標準的嚴父形象，這不僅僅是潛意識當中的父親原型，更是社會上父權的象徵。

皇帝手持代表生命的古埃及十字架「安卡」，這不但是權柄的握持，更是掌控生殺大權的象徵。

皇座四角的羊頭圖騰，象徵皇帝牌的白羊座特質。積極進取與衝動易怒的可能性，同時並存於皇帝的身上。

穿在皇袍之下的盔甲，暗示出皇帝的重重心防與戒備。

STORY 阿莫在工作的場合當中，一直與嚴肅的上司處得不甚融洽。在一項有關事業工作的占卜中，皇帝牌的出現彰顯了其上司的性格。看來要軟化上司對阿莫的心防，還得費一番工夫哦！

5 教宗

　　教宗通常是一個對於哲學、宗教或玄學有興趣的人，心靈的成長和進化，是其生活中很重要的一部分。與皇帝牌類似的是，教宗也具有一定的權威性，但卻是屬於精神、思想上的權威。在學業或事業的占卜中，它常常代表上司或老師之類的長輩貴人，但也可能指向某位具有強烈教宗特質的人物。團體性質的學習也是其牌義之一。大體而言，教宗牌經常伴隨著來自他人的幫助或啟發，但有時則是由自己扮演「貴人」的角色。

教宗的右手指天，象徵祝福的同時，也代表其傳達上天啟示的意涵。

聽命於教宗的神父與修士，隸屬於嚴謹的教會組織。團體的學習與生活，也是這張牌的重要內涵。

看到頭戴三重冠為神代言的教宗，讓我們聯想到精神導師般的人物，這樣的人也同時具有貴人的特質。

十字架符號的出現，提醒我們教宗牌強烈的宗教意義。而哲學與智慧的追尋，也是教宗牌所表現的重點。

STORY 原本幾乎無法如期完成企畫案的小強，幸好獲得隔壁同事的協助，在最後一刻完成任務。教宗牌「貴人相助」之意，藉著此種情境呈現出來。

6 戀 人

　　戀人牌最明顯而直接的牌義，即是與愛情有關的事物，除了純粹的精神戀愛以外，有愛之性也是這張牌可能的意義。不僅如此，人生當中的重大「抉擇」與「決定」，更是這張牌經常出現的意思。偉特版本的戀人牌，因為採用亞當與夏娃在伊甸園中享樂的情境，而使得這張牌擁有光明、愉悅和祝福的意涵。大致上來說，以正位置出現的戀人是一張相當正面的牌。這張牌所帶來的人生課題，是要我們去理解「愛是無條件的」。

巨大明亮的太陽，表現出戀人牌光明、積極而喜悅的一面。

天使拉斐爾（Raphael）的出現，為亞當與夏娃帶來了神的祝福。

象徵誘惑的蛇，盤踞在夏娃身後的知識之樹，也使戀人牌帶有一定程度的性意涵。

戀人牌顧名思義，可能代表戀情的發生，也可能暗示當事人的戀愛對象。

STORY 小張的求職面談，出乎意料地順利與和諧，令他感到上天無比的眷顧。他今早抽到的「戀人」牌，正預言了美好一天的降臨。

7 戰車

　　戰車與戰士，皆是為了戰場上的勝利而生。因此，戰場上的拚殺與競爭，都與這張牌密不可分。優秀的戰士擁有堅強的意志力，他身上散發出來的威勢，使他能夠以意念駕馭無韁之馬。兩相對立的獅身人面獸因臣服於主人而合作。但是當意志力衰微之時，戰車就難逃四分五裂的下場了。因此，「自我控管」是戰車牌成功的方式。左腦的高度運用，是戰車明顯的特色。此外，競爭性的事業、考試、感情或旅行，都是戰車牌可能呈現的意涵。

戰車上的棚布畫有許多的星星，這不僅象徵勝利的希望，也代表有利的星象對於戰士的支持。

一黑一白的獅身人面獸，雖無韁繩的制約，卻乖乖地臣服於戰士的強大意志力。

「戰車」註定馳騁於競爭激烈的戰場上，毅力與堅持將為戰士克服面前的挑戰。

STORY 在阿峰追求氣質美人小萍的占卜中，現狀出現了戰車牌，充分顯示其情敵眾多的處境。但是在競爭激烈的情況下，阿峰仍然保有贏得美人心的意志與堅定。

8 力 量

從名字來推想，就知道力量牌與強大的力量有關。這種內在的力量，能夠讓猛獅馴服在跟前，象徵對內在獸性的良好調和。就人際關係而言，牌面中的人物用愛的力量馴服兇猛的獅子，人獅之間的良好互動，是由於兩者的能量以正面和諧的方式交流，蘊含著人與人之間溝通良好的意義。在事業工作上，這張牌代表對於某事具有強大的信心與處理的能力，或是描述一項充滿活力、衝勁的工作。

力量牌中的無限大符號，象徵著力量的無窮無盡，亦即「力無限」之意，代表充滿活力去處理、解決事情。

主角安撫獅子，並與之嬉戲的情景，蘊含著溝通良好以及馴服內在獸性的意思。

力量一辭提醒我們擁有克服困難的能力。橫亙在眼前的挑戰，我們都有充沛的能量加以克服。

STORY 莫琳小姐八月分去新加坡出差，她在行前抽到了力量牌（星座對應：獅子座）。獅子座的莫琳在獅子座的月分（八月），前往以魚尾獅身為象徵的國度，共時性原理透過塔羅牌產生令人莞爾的對應。

9　隱　士

　　隱士代表遠離人群、避居山林的人物。然而，生活在現代都市叢林之中，人際關係的疏離製造出許多現代版的隱士。因此，這張牌可以代表一個與他人缺乏互動溝通的人，也意謂著一段考慮或反省的時期。如果將牌面回歸古代隱士的原意，他所擁有的智慧除了引領他人的前進，也對心靈拓展的路途產生貢獻。

照亮前路的燈光，有助於自己的追尋之路，也引領著眾人的前進。

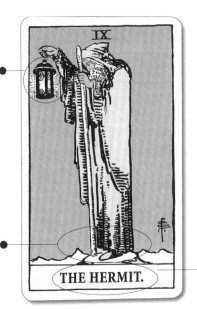

站在山峰高處的隱士，其內心的成長進化已達到一定的程度。

離群索居的隱士，不擅於與人溝通交際。向內探尋的他，喜歡沉潛的感覺更勝於向外征服。

STORY 在某一個週末，小丁的塔羅日記抽到了隱士牌。那一天，他都待在房間裡度過屬於個人的一天。隱士牌正好描述了小丁這個與世隔絕的日子。

10 命運之輪

　　命運之輪這張牌雖然沒有鮮明的人物做主角，卻由埃及神話與聖經傳說交織出深厚的內涵。牌面中間的三圓輪，以令人驚歎的方式呈現出神祕的語句，並烙印著上帝的希伯來古名——雅威（YHVH），輪外的埃及三神祇象徵了命運的變幻無常。人的一生當中，充滿了無數的變化，變化帶來機會，無論是生機或危機，其實都可以變成轉機。占卜抽出這張牌的時候，命運的面容正悄悄對我們顯出它的輪廓。

三個同心圓所組成的命運之輪，象徵命運的輪轉、宿命的力量，但無論生命流轉的變化是正是反，都是人生當中的轉機。

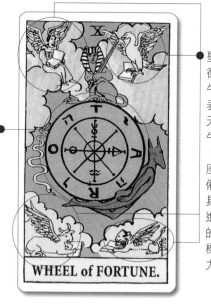

WHEEL of FORTUNE.

聖經四福音書的象徵動物：人、鷹、牛、獅，亦即代表寶瓶（風）、天蠍（水）、金牛（地）和獅子（火）等四象星座。四大元素的齊備象徵事物的因緣具足，事情將有所進展，但單調顏色的呈現，則顯示目標的達成尚須努力。

STORY 軍人建明只剩下一年的服役期，他盤算著退伍以後的生活。命運之輪的出現，顯示出他心中的無奈，但同時也暗示情況正在往好的方向變化。「耐心」可能是建明目前最需要的。

11 正 義

　　正義牌畫出了人心之中的真理與正道。人世間的諸多不平與失衡，需要一個賞善罰惡的寄託。無論是希臘女神雅典娜，還是埃及女神瑪特（Maat），她們手持劍、秤的形象，滿足了人心對於公理的渴求。占卜當中的正義牌，往往為當事人帶來應得的結果。對於事件情境的描述，則與平衡狀態的維繫有關。

垂直向上的鋒利寶劍，象徵人的理性、公正與清晰的決斷力。

瑪特後方的紫色帷幕，暗示她擁有內在的智慧與光明，足以裁決人世間的是非。

「正義」即是世間的公義，代表善惡有報的因果法則，故也常用來表示和法律相關的事物。

左手所拿的天秤不僅僅是天秤座的代表，更是世間的平衡象徵。而天秤所帶來的衡量能力，使得正義牌也跟事物的決定有關。

STORY 品行端正的小玄在關於未來的占卜中，抽到了象徵公平的的正義牌，這代表小玄在未來將會得到應有的報酬。反之，行為不端的小田在占卜中雖然也抽到了正義牌，但這代表他將會付出應有的代價。

12 吊　人

　　吊人牌是一張行動受到限制的牌，也是一張與犧牲奉獻有關的牌。牌中的殉道者雖身處逆境，但是內心和悅，他頭上綻放的光明照顯內在的平安與智慧。遭遇逆境，卻能安於逆境，是莊子與顏淵帶給世人的典範。心境的轉變，能讓逆境不再是逆境。當感情、工作或其他的占卜出現吊人時，請別忘了「安時處順」的重要。

吊人的表情平和，頭放光明，象徵他以甘之如飴的態度面對逆境，這意味著一種順其自然的平常心。而以倒立角度觀看世界的同時，吊人也擁有了超越世俗的另類觀點。

腳被綁在十字架上的吊人，行動受到了相當大的束縛。紅色褲襪象徵身體與熱情皆難以施展。這是一張與犧牲有關的牌。

THE HANGED MAN.

STORY 小君雖然身體薄弱，但她堅強的意志力卻讓自己的優秀不因體質被掩蓋，日常生活中的她依然樂觀開朗。小君面對逆境卻微笑承受的心態，正是吊人牌的最佳詮釋。

13 死　神

死神經常代表一件事物或一段關係的結束，也可用來表示一個死氣沉沉或帶給他人龐大壓力的人物。世界萬物並沒有真正的結束，所有的結束都是另一個重生的開始，死亡並非痛苦或結束，而是蛻變與新生的契機。死神牌經常用來表示人生當中難以抗拒的改變。此外，若以這張牌來占卜某個特定的人，則牌中的五個人物都是可能的代表，讀者要懂得慎思明辨。

若以死神來代表特定人物，那可能是帶來威迫與壓力的人。

以自我為中心的國王，因為抗拒改變的發生而倒在死神面前。

牌名蘊涵的重要牌義包涵了死亡、結束與改變。

遠方的曙光，提醒大家希望與重生的存在。柳暗花明又一村的意涵，即蘊藏在此。

傳教士有堅定的信仰和以對神的信心面對恐懼的挑戰。

保有部分赤子之心的少女，正與內心的恐懼奮戰。接受或抗拒變化，是她能否成長蛻變的關鍵。

天真無邪的孩子，以全然的喜悅和包容面對人生中的流變。

STORY 小陳每天忐忑不安擔心自己被裁員。當衰運終於降臨，領了遣散費的小陳從牌中抽出了死神。不過，擔憂的事情發生後，小陳反而放下心中的大石；就在心念一轉的瞬間，他看到了牌中發亮的曙光。

14 節 制

節制牌中的天使長米迦勒（Michael）以其神聖超越的智慧，帶給世人光明的洗禮。身為光之領袖的祂，影響人們以正面的方式來互動，美好而順暢的溝通也因此發生。除了心靈上的提昇以外，教導與學習也是節制牌常見的意涵。內心擁有平安的人，行事進退自然有著適當的節度。此外，節制牌代表了情緒的適當節度與調和，而此境界的極致，即是《中庸》所說的「致中和」。

兩個聖杯之間互相流動的水，表示情感上的調和與溝通良好之意。此外，「教」與「學」也是聖杯水流的重要涵義。

看到米迦勒頭部發出神聖的光輝，提醒我們節制牌有關心靈成長的意涵。

節制牌顧名思義，有「節制」的意思，學會適當的節度往往是成長的象徵。

米迦勒一足履地、一足涉水的姿態，賦予節制牌海外貿易或旅行的意義。

STORY 小紀對於精神層次的提昇有著相當濃厚的興趣，無意間看到一門關於心靈成長的課程時，小紀想知道這是不是一個能夠輔助她的選擇。節制牌的出現，肯定了這門課的成長價值。

15 惡　魔

　　惡魔牌經常被視為與控制、欲望和沉淪等負面意義有關。這樣的理解固然不錯，但卻忽略了這張牌較正面的部分。牌中倒立的五角星雖然代表精神層面的沉淪與壓抑，但物質與世俗的事物卻獲得了彰顯。因此，雖然惡魔的出現不利於精神、哲學與宗教相關的主題，但在有關金錢、權力、欲望或投機的占卜上，它可能是一張帶來成功的牌。心中惡魔對人的控制，來自於人本身對欲望的執著；而欲望獲得暫時滿足的同時，心靈上的空虛將啟發人生意義的探索。

心靈枷鎖束縛著人心，使人做出遠離愛的行為。但鬆垮垮的鐵鍊，卻暗示著亞當、夏娃隨時都有選擇光明的自由。

倒立的五角星形，顯示出肉體凌駕精神，欲望作主的現象。但摩羯座的羊頭象徵，卻也指出惡魔牌帶來世俗成功的一面。

惡魔具有詛咒和誘使墮落的能力，它也可能代表某個具有這類特質的人。

惡魔手中所持的火炬，煽動人心當中的原欲與衝動，因而成為誘惑的象徵。

STORY 大文在pub遇到一個讓他心動的壞女孩，內心的天人交戰不斷考驗他的意志力。惡魔牌的出現印證了目前的情況，誘惑不斷拉扯他，明知接受這機會的不智，欲望的枷鎖卻讓人難以掙脫。

16　塔

　　舊約《聖經》的創世紀當中，巴別塔的建造乃是人類「欲與天公試比高」的具體作為。聖經中，上帝以錯亂人類語言的方式，表現出祂的不悅，這突如其來的變故讓巴別塔的完工成為一件不可能的任務。凡是與衝擊相關的事物，都在這張牌顯現的範圍內。此外，突然發生變故或陷入困境，也是塔牌常有的意義。

天際迅雷的劈打，帶來了毀滅與警訊。就像生活中突如其來的改變或衝擊。

人間至高無上的帝王與皇后，因災難的發生而掉落深淵，象徵人生低潮的來臨。但伴隨困境而來的，卻是精神成長的契機。

THE TOWER.

STORY 輕鬆愉快的休假裡，大明與家人度過了歡樂的一天。回到家中的他忽然接到公司告知裁員的電話，心情從雲端跌落谷底的大明，就像塔牌裡國王的處境。

17 星　星

星星牌是一張跟希望、平靜與和諧有關的牌。當我們的身、心、靈互相衝突時，「創造」會在所有的層次同時運作，而產生混亂的結果。唯有內在心靈取得和諧，身心靈的選擇一致時，才會發生令人驚訝的奇蹟。相較於塔牌所帶來的內心衝擊，星星牌已邁入人心中寧靜安和的一面。平安、喜悅、感恩的心境，正是創造自我實相的關鍵要素。占卜時若抽到此牌，意指與此相應的心靈將為生命帶來無窮的希望。在有關感情的占卜中，如果星星牌伴隨著其他具有三人意象的牌，則有可能暗示一段三角關係的存在。

雙手各執一壺的景象，是寶瓶座故事的呈現。流之不盡的壺中水，也暗喻愛的分享從未終止。

圍繞著地球的七政星，顯現出天體運行對人心的影響，這不僅代表上天的啟示，也是人類心靈中的希望與寧靜。

象徵潛意識的湖水，藏有靈感與直覺。顯意識與潛意識的通達，開啟了神祕的智慧之門。

STORY 小靜今日的寫作靈感源源不絕，下筆時文思泉湧如有神助。她今日的塔羅日記是星星牌，象徵擁有來自潛意識的靈感與直覺。如此契合的對應，讓小靜發出了會心一笑。

18 月 亮

　　繼星星之後的月亮，也與人心深處的狀態有關。月亮象徵人類潛意識的一面，舉凡情緒、恐懼、善變與不安，都受到它的直接影響。恐懼是人類的原罪，也是創造痛苦的源頭，它是愛的對反，是宇宙中分離的力量。當我們覺得恐懼時，就無法活在當下。事件占卜出現月亮牌時，往往代表了當事人正在與內心的陰暗面奮戰。人生中各式各樣的傷痛，都源自心底的恐懼，唯有全然的信任與大愛，才能帶來生命永恆的平安。

月亮多變的面容，帶來善變、欺瞞與情緒化的意義。

一狼一犬對月嚎叫，獸性的象徵讓淒冷的月夜充滿不安的氣氛。

孤獨步向遠方的螯蝦，即將面臨地潛意識中的恐懼，就像人生中的許多情境，我們必須獨自面對其中的課題。

STORY 阿竹的男友脾氣相當暴躁，這段戀情經常帶給她不安與恐懼。阿竹情緒上的起伏和變化，正如她在感情占卜中所抽到的月亮牌，擁有相當不穩定的特質。

19 太　陽

　　在偉特版本中的太陽牌，比其他塔羅的太陽擁有更多正面的意象。聖經故事的融入，為偉特太陽牌帶來全面的勝利與光明。圖象當中全裸的孩童，象徵無比的活力、誠實與創意。人的喜、怒、哀、樂等情緒變化，都受到思維的直接影響，因此，即使事情看來灰暗之時，如果能看到光明，我們就能祝福自己的人生。在多數的占卜中，正位太陽牌都是勝利與成功、歡樂與自由等正面積極的答案，稱它為偉特塔羅中正面能量最強的牌並不為過。

光芒四射的太陽是世間光明的來源，人們因為它的照耀，而有了開朗與歡笑。

充滿生命力的孩童，是純真與活潑的象徵，積極正面的思維，同時帶來強大的創造力。

STORY 小寶快快樂樂地與班上同學去遠足，滿山奔跑的孩童在春陽下揮灑汗水，充滿活力、喜悅與喧鬧。這群充滿熱情的孩童，恰當地描述了太陽牌的特質。

20 審　判

　　審判是一張牌義相當豐富的牌。其主要的內容，講的是聖經預言當中的「最後審判」。以此做為聯想，即可理解到這張牌與判斷力、精神提昇、結果、重生等等有關。此外，牌圖中的大天使加百列（Gabriel）吹響號角，以喚醒往生之人的畫面，也使得審判牌具有召喚或呼喚的意涵。建議對這張牌不夠熟稔的朋友，善用加牌法來釐清它在每次占卜中的意義。

● 大天使手中號角的呼喚，敲醒了沉睡的人心與迷惘的眾生。

● 從棺木中站起的人們，歡喜迎接重生的到來。

最終審判是從結束到開始的轉變階段，人們一生的善惡功過，都在這裡有了結果。

JUDGEMENT.

STORY 大學畢業以後一直在職場工作的阿雪，近來有再度成為學生的念頭。這個想法數月以來揮之不去，讓她在工作與學業中掙扎。近期不斷出現於塔羅日記中的審判牌，證實了她面臨內心的呼喚。

21 世界

　　世界牌是二十二張大阿爾克納的最後一張。從它環狀的圖騰以及無限大符號的飾帶，我們可以感受到它周而復始、生滅流轉的意涵。因為世界牌是終點，所以有完成、成功之意；但它也是即將邁入新開始的前一階段，故而有循環的意義。世界牌帶來宇宙的完成與整合，是萬法歸一的狀態，卻也是萬物分殊的開始。明白了世界牌的動與不動，我們就能體會永恆與瞬間的同一性。當世界牌用來代表成功的巔峰時，別忘了這不是盡頭，因為成長是永無休止的。

代表地水火風四大元素的四象星座，在世界牌中都有了鮮明的顏色，這代表計畫、工作的完成，也顯示出成功的條件已經齊備。

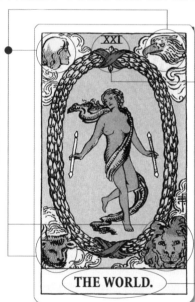

無限大符號形式的飾帶，代表宇宙周而復始、循環不已的本質。同時也暗示世界牌帶來明確、重大的成功。

世界牌也是重要的旅行牌之一，而且經常代表跨洲的長程旅行，甚至是環球旅行的計畫。

THE WORLD.

STORY 實習獸醫師阿品在臨床討論課程當中，即將上台對全系教授、醫師進行動物病例的解說。準備充分、信心滿滿的阿品，游刃有餘地完成了精彩的報告。世界牌正是這種情境的最佳描述。

小阿爾克納牌

小阿爾克納的英文是Minor Arcana，minor的意思是次要、副的或較小的，所以本牌組也常被簡稱為「小牌」或「次牌」，也有人稱之為「小祕儀」。小牌相對大牌而言，其圖象與意涵的豐富度雖有不及，但所呈現的意義卻比較具體而清晰，在解讀上也比較容易。因此，小牌常被當做初學者的入門磚。

數字牌加宮廷牌

小牌總共分為四個牌組，分別是權杖、聖杯、寶劍和錢幣。這四個牌組各有各的特質和特長，每個牌組各由十張數字牌加上四張宮廷牌（標示參見P112）所組成。數字牌主要是講事件和狀況，宮廷牌的主要功能則是代表人物。每個牌組的十張數字牌可對應到卡巴拉生命之樹的十球體，也可連結成一個完整的故事，且每三張還自成一段情節。如果讀者嫻熟希臘羅馬神話，還能提昇塔羅牌的應用威力。

INFO ✳ **學習塔羅的神話背景**

塔羅牌的成長期與興盛期都在歐洲，因此深受希臘羅馬神話的影響，也產生了多種對應版本。塔羅牌研究者若想以簡單有趣的方式，來理解主流的神話對應，那麼Juliet Sharman-Burke與Liz Greene所設計的「The Mythic Tarot」（神話塔羅牌）會是一個很好的選擇。

四牌組比較

四個牌組各有其不同的中心特質與相對應的特長。讀者在學習牌義之前，如能先掌握每個牌組的主幹，將能在學習過程當中事半而功倍。

牌組	特質	對應特長	主流神話對應
權杖牌組	具有火元素的特質。與積極、行動、熱情、開朗有關。	行動與職業	Jason取回金羊毛
聖杯牌組	具有水元素的特質。與愛、感性、想像、靈感有關。	感情與學習	Eros與Psyche的愛情
寶劍牌組	具有風元素的特質。與邏輯、理性、冷漠、痛楚有關。	思考與傷害	Orestes為父報仇
錢幣牌組	具有土元素的特質。與實際、保守、穩定、肉體有關。	物質與財務	Daedalus的故事

小阿爾克納數字牌

權杖Ace

　　權杖Ace代表一項具體行動的開始，對事務擁有積極的態度和實踐的熱情，有別於還停留在思考中的階段。當我們針對一件計畫的實行與否來進行占卜，通常它所代表的意思是「勇敢去做」，就像易經當中的「利涉大川」。在人際關係中，可能代表一段新關係的開始或原有關係的新發展。而在事業工作上，也許是新官上任或一項企畫的推動。整體而言，權杖Ace是一張積極、行動的牌，同時也是一張旅行牌。

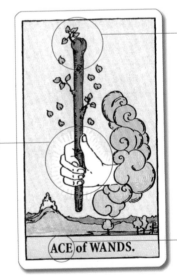

朝上生長的生命樹，充滿了旺盛的生命力，代表對各種生活事務的活力和熱情。

宙斯之手穩健有力的握住權杖，令人聯想到對事物的掌控力量，以及積極將計畫付諸實踐的自信及行動力。

Ace牌為一個牌組的開端，因此權杖Ace可引申為行動的開始。

STORY 升上大四的小華準備大學畢業後出國留學，目前已經通過托福考試，正著手申請學校和籌備各項出國事宜。權杖Ace的出現表示小華正開始逐步實現他的留學計畫。

權杖二

　　權杖二代表了面臨兩個選擇而猶豫的狀態。在人際關係裡，當事人可能正面臨兩個以上的選項。而在事業上，這可能代表轉換工作的評估。牌中人物的中古歐洲貴族打扮，其身處的城堡和手中的地球、權杖，顯示出他擁有一定的成就和權力。而被拴在城牆上的權杖則象徵著受限的行動力，也意味著行動的延遲。這是一張矛盾與思考的牌。它的出現，往往提醒當事人應該審慎行事，不可輕舉妄動。

手上的地球代表主人翁現有的成就和資源。

這兩部分合看，則顯出了兩難抉擇的意涵。

人物凝視遠方，象徵著宏觀和遠見，目前的現狀不能使他滿足。

手握的權杖可以自由控制，代表當事人仍有改變現狀的行動力。

被拴在城牆上的權杖，使人聯想到當事人部分的行動力受到限制，在當下無法做完全的發揮。同時也意味著延遲。

STORY 大偉是一家工廠的負責人，目前他正考慮是否該到海外設廠增加生產量，但是環境的差異和家庭因素使他猶豫不決。權杖二所呈現的正是他對未來方向的思索和決定。

73

權杖三

　　權杖三代表著朝著既定目標前進、邁向成功的過程。牌中的人物是一位成功的商人，眺望著遠方將為他帶來利益的商船，這暗示了穩妥地執行計畫後，成功將隨之到來。因此，商業往來和海外貿易所帶來的利益，也是這張牌的涵義。「合作」是三號牌的重要意義，因此，「團隊合作」也是權杖三的成功法則之一。此外，人際關係的穩定發展或是保持一段距離的關心，則是此牌在社交問題上常見的意義。

牌中人物的視線正望著海面上的商船，令人聯想到他正等待著利益和成功的到來。也帶有商業貿易和旅遊的意味。

站在海邊高處的位置，居高臨下讓人聯想到他具有一定的地位和成就，登高望遠則象徵前瞻和遠見。

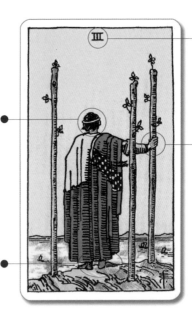

三號牌中三根權杖的矗立，代表了合作的意涵。這是在所有三號牌中，都可能會出現的牌義。

手握權杖代表掌握行動的能力與信心，也可窺知主角在團體中的領導地位。

STORY 小發經營的量販店自從開了第二家分店後，業績就持續成長，如今第三家分店也正在評估設立中。權杖三表示小發的事業規模逐漸擴大，未來有更多商機正等著他。

權杖四

　　權杖四呈現出成功豐收、喜悅歡慶的情況，也代表一個和諧穩固的環境。在兩性關係中，美好甜蜜的戀情或堅定的承諾，都是它可能的意涵，搭配特定牌（如聖杯二、正義牌）的時候，則意味著結婚和婚禮。此外，投資獲利和生意成交，則是權杖四在事業占卜上的意義。牌面中的城堡象徵著安穩，而人們跳舞的姿態，顯示這張牌和諧歡愉的意象。

權杖上的果棚懸掛著綵帶和豐碩的果實，象徵了豐收和勝利。

從兩人頭戴花環，高舉花束，身姿舞動的動作，讓人聯想到慶祝、歡樂的涵義。婚禮也是此情此景常給人的聯想。

四支權杖直立於平坦的地面上，象徵穩定的情境，與合作的可能。

STORY 小華在一年一度的期末社團發表會圓滿結束後，和全體社員們一起參加慶功宴同樂。權杖四所呈現的，正是像慶功宴那樣充滿歡樂的熱鬧聚會。

權杖五

　　權杖五所呈現的是一個混亂、衝突的情況。在人際關係中，可能表示彼此的觀念或生活方式不同而造成爭吵、不愉快，或是意見分歧、無法合作等情形。唯有學會同情的理解，才能以寬容來解決權杖五所帶來的矛盾。對個人的反省而言，權杖五代表內心的自我衝突或生活的步調混亂。整體而言，權杖五是一張衝突且不和諧的牌。

牌中的五個人，各有五種不同的穿著打扮，面朝五個不同的方向，做出五種不同的姿勢，可讓人聯想到差異、不合與混亂。

五個人手中的權杖方向不一，甚至互相牴觸牽制，象徵著五人的立場矛盾，而有衝突、競爭和摩擦的產生。

STORY 在一次小組報告的作業討論中，阿宇、阿峰和阿修對於報告的內容和工作分配各持己見，討論後仍然無法取得共識，最後不歡而散。權杖五呈現出這個小組內，成員們意見衝突、無法合作的問題。

權杖六

　　權杖六代表凱旋而歸的英雄，他騎著華麗的戰馬，意氣昂揚地接受眾人的簇擁遊行。這張牌代表人際關係上的重要突破或進入新階段。而在事業工作上，它的出現往往象徵著升職、加薪、成功和進展等美好的事情。但如果本身沒有什麼喜慶之事發生，那麼它也許只是代表在英雄馬下跟隨或協助的人。整體來說，權杖六是一張勝利、榮耀和自信的牌。但要明白《尚書》所說「滿招損，謙受益」的道理，才能避免權杖六的成功所帶來的得意忘形。

權杖上掛著慶祝勝利的花環，象徵凱旋、成功與榮耀。

人物騎在馬上，頭戴桂冠，抬頭挺胸充滿著自信。而在馬下遊行的隊伍，則顯示了擁戴、崇拜的意涵。

STORY 在全國運動會中，M校籃球隊經過一番激烈的比賽後，終於奪下冠軍。選手們返校時受到全校師生的熱烈歡迎。權杖六正表示了這項重大的榮耀和勝利，以及當時歡慶的氣氛。

權杖七

　　權杖七代表的是面臨挑戰和遭遇阻礙。因為七號牌的共同意涵即是「挑戰」。在事業工作上，也許是工作的困難度提高，使得我們必須付出更多的心力去完成。雖然在牌中，前方有六支權杖阻擋了去路，但主人翁仍處於有利的制高點，這表示過程也許艱辛，但只要抱定堅持到底的決心和勇氣，成功的機會還是很大。整體而言，權杖七提醒問卜者，面對挑戰時別輕易放棄。

主角高舉權杖，擺出迎接挑戰的姿勢，這代表堅持和奮鬥。

擋在前方的六根權杖，象徵遭遇到的挑戰和阻礙。

人物腳踏的高地是制敵的有利位置，代表握有較高的勝算且位居優勢地位。

STORY 阿德正在努力做一份重要的期末報告，但是其他科目突然又決定提前考試，使他覺得準備時間不足而壓力大增。雖然如此，權杖七卻顯示出，只要阿德不退縮，持續投入心力準備，就能順利完成作業並通過考試。

權杖八

八根權杖不受固定和限制，飄浮在空中，權杖八表示的就是自由、無拘無束的狀態，能順利輕鬆地達成目標。在人際問題上，它代表不為對方帶來壓力的關係，也可能暗示著回復自由的狀態。就工作而言，這張牌代表順利完成任務與得到滿意的成果。它也可能暗示「速度」的重要。快速、簡潔的行動，或許是事件的成功關鍵。另外，航空旅行、海外旅遊也是常用的牌義。

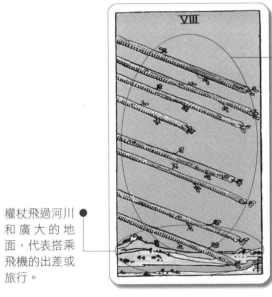

八支權杖在空中飛行，而且方向一致，令人聯想到快速、自由的行動。

權杖飛過河川和廣大的地面，代表搭乘飛機的出差或旅行。

STORY 阿香希望暑假時能到英國遊學，以增長見聞順便練習英語能力。權杖八顯示，她將順利成行，並且旅途愉快而收穫豐富。

了解牌義　七十八張牌　大阿爾克納　小阿爾克納　數字牌　宮廷牌　逆位解法

權杖九

　　權杖九畫的是一位剛剛歷劫歸來的戰士，他目前仍處於戒慎恐懼的備戰狀態。戰士頭上所綁的繃帶，象徵著過去受傷、挫敗的經驗，正因為如此，使他不能勇敢跨出下一步。在感情占卜中，過去不愉快的經驗，可能是阻礙兩人進一步發展的癥結。對事業工作而言，經歷過挫敗的人可能因而小心翼翼、過於謹慎而不敢大膽行事。簡而言之，這是一張肇因於負面思維的放大，而形成退縮、恐懼和防衛的牌。「淨心澄慮」將能解救它的處境。

橫列在後方的一排權杖，象徵加諸在主角身上有形或無形的限制、包袱和壓力，以及即將到來的挑戰。

主角以防衛的姿勢握著權杖站立，代表抱持著自我保護、不安、謹慎的心態。而這樣的心態將會造成延遲的效果。

STORY 小琪和阿鋒的感情穩定，於是有了結婚的打算。面對阿鋒的求婚，她卻遲遲不敢答應。因為從小在單親家庭長大的小琪，對於婚姻還是有一份不確定感。權杖九所呈現的，正是小琪內心對未來的擔憂與不安。

權杖十

　　權杖十是一個負擔沉重的人辛苦地一步步前行，過度的壓力使他感到疲憊不堪。主人翁將十支權杖全部抱在身前，擋住了視線，也遮住了象徵遠方目標的房舍，這暗示他該放下一些或換個方式來攜帶權杖。無論在事業或感情上，背負過多的責任和壓力，終將使人疲累與倦怠。整體而言，權杖十是一張壓力、責任與負荷的牌。

一次扛了十支權杖，象徵著負擔沉重、責任太多。而視線的遮蔽，也暗示過度的負擔會使人缺乏遠見。

從主角彎腰駝背的姿勢，可以想見他腰痠背痛的情形。同時，這也象徵了負擔難以承受的窘境。

STORY 阿信不久前購入一棟新屋，為了儘早還清貸款，他在週末又多找了一份兼職工作。再加上最近母親身體健康不佳，需要他平日下班後的費心照顧。過多的事務使他體力透支，權杖十恰如其份地對應出他目前身心俱疲、壓力過大的生活。

聖杯Ace

聖杯Ace所代表的是一段感情或學習的開始，也表示心靈上充滿愛和喜悅的狀態。牌中的水柱自聖杯中不斷流瀉，象徵情感充沛、熱情洋溢，以及無條件的愛。在感情關係的占卜中，聖杯Ace是愛的源頭，表示新感情、新階段的開始，兩人在心靈層次上能相互契合。在事業上，這張牌代表新的靈感、創意，或是憑藉著發自內心的動力而專注於工作。簡而言之，聖杯Ace是一張感性、滿足的牌。

源源不絕的水柱持續地由杯中溢出注入池塘，象徵著給予、豐盈、滿足。

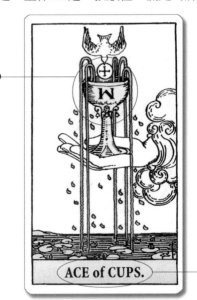

有關學習或感情的新開始、新階段。

STORY 阿傑和小芳在一次教會活動中相識，除了有相同的宗教信仰外，又發現彼此都熱愛登山和戶外運動。相處不久後，兩人決定進一步成為男女朋友。聖杯Ace正代表了這一段情感滿足、彼此契合的新戀情。

聖杯二

　　聖杯二所代表的感情關係是一種健康的平等之愛，感情階段則是熱戀期。在特定牌的輔助下，這張牌會帶有婚姻的意思。而在事業工作上，它顯示出一種平衡而愉快的合作關係。兩人上方的圖象是希臘天神漢密斯（Hermes）的象徵，喻指兩人之間順暢的互動與溝通。整體而言，聖杯二是一張平衡、愉悅的牌。

兩人愉悅地對舉聖杯，同時男方右手輕碰女方，象徵這是溝通良好的關係。同時也帶有合作的意味。

從兩人立足點等高，可聯想到聖杯二代表一段平等且平衡的感情。

STORY 阿峰沉浸在與阿珊的感情蜜月期中，兩人互相的依戀與尊重，使他們有著輕飄飄的愉悅感。熱戀的情侶往往帶著粉紅色的眼鏡，專注在對方的優點上；這般正面能量的互相投射，堅韌地維繫住兩人的關係。聖杯二清楚地呈現出這樣美好的戀情。

聖杯三

聖杯三所代表的是一個豐收、快樂的氣氛或聚會。在感情關係中，可以代表分享或重聚。搭配某些牌時，則可能意味著三角關係或選擇對象太多的問題。在事業工作上，它象徵之前辛苦的耕耘將帶來回報和成果，但也可能是說明團隊合作或眾多機會的來臨。此外，各種分享歡樂的聚會場合也都與這張牌有關。整體來說，聖杯三是一張豐收、歡慶的牌，它同時也提醒我們要珍惜志同道合的夥伴。

三號牌常含有合作的意義，聖杯三也不例外。

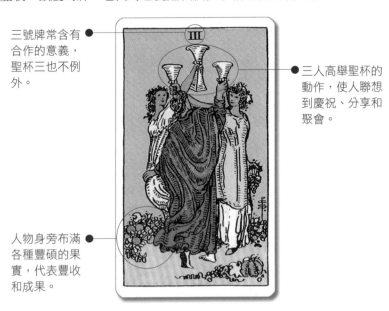

三人高舉聖杯的動作，使人聯想到慶祝、分享和聚會。

人物身旁布滿各種豐碩的果實，代表豐收和成果。

STORY 阿銘辛苦多時的產品設計圖，今天終於通過了廠商的認可。下班後，他和一群同事到KTV裡歡唱慶祝。聖杯三顯現了阿銘和同事的快樂聚會。

聖杯四

聖杯四所代表的是對現狀不滿卻消極停滯的狀態。主角因為緊閉著雙眼，而無視於目前所擁有的三個聖杯，且對於幻想中的新聖杯也不能好好把握。在感情關係中，兩人可能缺乏溝通與平衡，也可能意味著外遇或拒絕的狀況。在事業工作上，可能代表沉溺於幻想而不切實際的情形。整體而言，聖杯四是一張不滿足與錯失良機的牌。心門緊閉的人拒絕了世界，也讓世界拒絕了他。

已擁有三個聖杯的主角仍然覺得不滿足，幻想著另一個虛幻的聖杯，緊閉的雙眼讓他無法認出機會。

雙手環抱的防備姿勢，象徵主角對感情的退縮與拒絕。

雙腳盤坐在地上而不起身行動，象徵主角處於消極、停頓或休息的狀態。

STORY 明天就是小芬的生日了，阿國決定在明天的生日宴會中向小芬告白。但聖杯四的出現，卻預言了小芬的退縮與拒絕。阿國經過仔細的評估以後，決定暫緩告白的計畫。

聖杯五

聖杯五所描繪的是一種悲傷、失望的狀態，處在負面情緒裡的人，不斷地利用自己的想像來傷害自己。牌中主角的眼神專注於已傾倒的三個聖杯，顯示他沉浸在沮喪懊悔之中，卻忽略了身後還有兩個挺立的聖杯。這張牌在感情關係上常代表失戀或分離。在事業工作上，則表示遭遇失敗或挫折。但實際情況往往沒那麼糟，只要主角能夠轉移注意力，並珍惜眼前的事物，就能很快走出陰霾。因為事件本身並不能決定我們的感受，思維才是感受的源頭。

主角穿著黑色大衣，一副垂頭喪氣的樣子，使人聯想到悲傷、失望、沮喪的情緒。

傾倒的杯子，四散流出的液體，代表當事人失落的感情。

依然站立的兩個聖杯，象徵目前還擁有的事物或力量，通常是代表周遭親友的關懷和支持。

STORY 小英因為男友調職外地，彼此聚少離多又缺乏溝通互動，最近決定結束這段感情。剛失戀的她情緒低落、食欲不佳，整個人瘦了不少。聖杯五忠實地反應出小英失戀悲傷的心境。

聖杯六

　　聖杯六顯現的是一個溫馨而充滿安全感的環境。牌中的人物一大一小，比喻著不成熟的關係。主角們一身孩童般的打扮，代表這張牌與兒時的回憶或熟悉的事物有關。就感情關係而言，聖杯六代表一方給予照顧、承諾和保護，而另一方則被動接受的關係。至於工作方面，這可能指一份安穩卻沒帶來什麼成長的工作，或是與照顧他人有關的職業。聖杯六所代表的，是一種重視穩定與安全感，勝過成長與變化的關係。

較高的那位手持聖杯和花朵要贈送給小女孩，使人聯想到承諾、照顧與保護。

● 圖象中的兩人大小比例不同，顯示出兩人關係的不平等，其中較大的一人居於主導地位，且對另一人存著占有欲。

● 聖杯中裝飾著花朵，代表溫馨、柔和的氣氛。也容易讓人回憶舊時的光陰。

STORY 小如剛從大學畢業，被父母安排到親戚的公司上班。雖然免去了求職的奔波辛苦，工作待遇也不算差，但她總覺得乏味，生活平淡。聖杯六顯示了小如雖然處在被保護的環境中，但這也使得她無法獲得成長。

聖杯七

　　聖杯七代表一個人面對太多選擇，卻不知道自己真正的需求而感到迷惘。在感情關係上，這張牌意識到兩人之間缺了些什麼，卻找不出問題所在。在事業工作上，也許是同時面臨了不同性質的工作機會。牌中被白色布幔所遮蓋的人像，代表真實的自我。在面臨太多誘惑時，人必須自我探索才能認清內心真正的需求。大致上來說，聖杯七是一張代表迷惑與探索的牌。

七個杯子中各裝了代表容貌、性、安全感、財富、地位和欲望等不同的事物，並掩蓋了真實自我。這象徵了面對多種不同的選擇。

處於雲霧之中，象徵當事人身在夢境或迷惑當中。

STORY 靜香是一位條件不錯的適婚女性，沒有男友的她面對眾多男性的追求，卻不知該如何選擇。阿雄幽默風趣、阿福浪漫體貼、阿明成熟穩重，阿安英挺帥氣。聖杯七正恰好表現了靜香因為對象太多而迷惘的情形。

聖杯八

　　聖杯八表示一個不滿於現狀的人物，他毅然放棄了既有的成就，踏上追尋的旅程。牌中月亮高掛，夜色已深，而主角卻仍不休息地跋山涉水。這不但表示了行動的決心，也暗示著過程的艱辛。在感情關係上，它代表抽離目前的現狀，思考未來的方向，也可能意味著拋棄或外遇的情形。在事業上，它可能代表想換個工作或尋求突破。整體來說，聖杯八與不滿足和追尋有關。

主角是往上方的路途前進，象徵著更高層次的追尋。

八個聖杯整齊地排列著，但卻空出了一個明顯的缺口，這使人聯想到對現狀的不滿足以及想要追求的目標。

STORY 阿強即將取得碩士學位，雖然已有不錯的工作機會正等著他，但他仍決定繼續深造，攻讀博士學位。聖杯八正顯示了阿強想要更上一層樓的心境。

聖杯九

　　聖杯九代表的是一位對自己的成就感到得意、自豪的人。然而牌中的九個聖杯都陳列在高處不易取得，主角端坐而雙手環抱，表示驕傲帶來的距離，導致自己難以敞開心扉與他人溝通分享。在感情關係裡，這可能代表滿意兩人目前的狀態，也可能說明內心交流的受阻。在事業工作上，通常是描述目標完成的成就感。總之，聖杯九是一張滿足、得意，但有心防的牌。

高高在上展示出來的聖杯，表示已經取得的成就和滿足。

主角的姿態顯現出他的自負，但雙手環抱的姿勢卻使人發現到他的心防，與拒絕分享的態度。

STORY 大智由於工作表現突出，而獲得上司賞識升為經理，這使他充滿了成就感，每天神采飛揚。聖杯九正好表示出大智在工作上志得意滿的情形，但要注意別用驕傲的態度來對待同事。

聖杯十

　　聖杯十所代表的是一個快樂圓滿的家庭或團體，以及一種成熟穩固的關係。在感情關係中，兩人的感情已超越了熱戀期，而到達相當穩定的階段。搭配特定牌時，還可能代表邁入婚姻或是組織家庭。以工作而言，這通常顯示出團隊間的互助合作與相處融洽。整體而言，這是一張美滿、穩定與互助的牌。

●天空的聖杯與美麗的彩虹相互輝映，代表著美好、和諧的事物。

圖象中相互擁抱●的男女，再加上兩個小孩牽手跳舞，正是美滿家庭或和諧團體的象徵。除了歡樂的景象，也意味著扶持、合作的意涵。

STORY 阿綸和茵茵已經交往了三、四年，感情相當穩定。兩人一起度過許多快樂時光，也相互扶持，經歷了不少難關。現在，他們正在籌備婚禮，決定白頭偕老。聖杯十顯示了穩定的感情狀態和共組家庭的訊息。

寶劍Ace

　　寶劍Ace代表一個新計畫、新冒險的開始。與權杖Ace不同的是，寶劍Ace偏重在思考意念層面，或表示較具困難度的挑戰。這些意義已經蘊含在從雲霧中伸出的雅典娜之手。從各方面而言，寶劍Ace可以代表勝利與征服，但穿過王冠的劍身，卻象徵了「過度」。過與不及皆離中道，這是我們必須小心的地方。此外，這張牌所代表的事件，經常是與挑戰性、思考力有關的。

雅典娜的手握住寶劍，代表勝利與決斷，也象徵理性的思考與清晰的判斷力。

寶劍的尖端穿過王冠，表示勝利的光芒太耀眼，隱含過猶不及的缺點。也暗示了待人處事太強勢、尖銳或直接的情形。

一項計畫或冒險的開始，通常有策畫的意涵。

ACE of SWORDS.

STORY 在一場會議的表決攻防戰裡，小鋒認為「迅速直接的方式」可以取得勝利。寶劍Ace的出現與他的看法相符，最後壓倒性勝利的表決結果，證實了寶劍Ace的預測。

寶劍二代表面臨問題卻難以抉擇，內心長期處在苦悶、擔憂之中。在愛情占卜中，它經常代表逃避情感、封閉內心的悲情苦戀。就事業占卜而言，可能是指工作壓力太大卻不願意正視問題，而陷在一個緊張的僵局裡。圖象中的衣服和石椅都是灰色的，象徵情感的冷漠。因為生命的未知，帶來了人類的恐懼與徬徨，唯有學會信任宇宙的智慧與安排，才能獲得內心真正的平安。整體而言，這是一張逃避與僵持的牌。

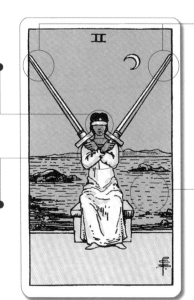

牌中人物的眼睛被蒙蔽起來，帶來內心的不安，並顯示出看不清楚情勢以及逃避現實的意涵。

主角的雙手交叉在胸前成防衛姿勢，意指抗拒和封閉，還有僵持不下的態勢。

二把寶劍指著二個不同的方向，代表對立、矛盾的兩個選擇。

主角背後是一大片象徵情感的海洋，背對海水的情景，暗示了逃避情感。

STORY 小惠和小蘭是非常要好的朋友，但是最近小惠發現，二人居然同時喜歡上阿家。一個是好朋友，一個是愛慕的異性，讓小惠不知該如何處理才好，只能不斷找藉口迴避小蘭。寶劍二正顯示出小惠內心的矛盾與逃避心態。

寶劍三

　　寶劍三代表利劍穿心般的強烈痛苦和悲傷。在感情關係中,可能表示失戀、分離和背叛等讓人傷心的事情。在事業工作上,寶劍三通常代表裁員、投資失敗或人事爭吵等等痛苦不順的情況。若是與健康相關的占卜,心血管疾病將是需要注意的重點。整體而言,寶劍三是一張與悲傷、痛苦、打擊有關的牌。但這些困難與挫折,常常是我們心靈轉換淨化的前奏。

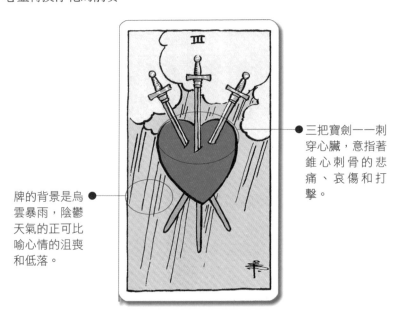

三把寶劍一一刺穿心臟,意指著錐心刺骨的悲痛、哀傷和打擊。

牌的背景是烏雲暴雨,陰鬱天氣的正可比喻心情的沮喪和低落。

STORY 阿輝好不容易克服經濟困難到國外留學,正當快要拿到學位時,論文審核卻無法順利通過。這個消息使他難以接受而心情低落。寶劍三所呈現的就是這種慘痛的打擊和心境。

寶劍四

　　寶劍四代表休息與沉思的安靜狀態。主角身處一座教堂之內，在這安全的環境裡，他可以獲得充分的休息。當休息充足以後，就是再度整裝出發的時候了。在人際關係裡，寶劍四常意味著需要從目前的狀態中抽離，以便冷靜思考一段時間。在工作上表示該放鬆一下心情，充電之後再回到工作崗位。整體來說，這是一張休息、停滯與準備的牌。

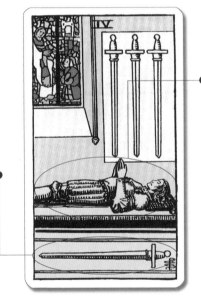

主角靜靜地閉目平躺，雙手合放在胸前，使人明白他正處於休息、沉思的狀態，同時也帶有內省、停滯的意涵。

平放於身旁的寶劍在伸手可及的範圍內，表示這是一個帶有備戰意味的休憩，是為了將來的奮鬥而準備。

STORY 威廷經過連續三天的期中考之後，累得躺在床上大睡十小時，但下一週的考試卻還在等著他。這個休息的日子，就如同寶劍四所呈現出來的圖象。

寶劍五

寶劍五呈現的是在衝突過後，氣氛肅然的畫面。這場衝突顯然有輸有贏，因為主角正帶著得意的笑容看著失敗者離去。勝利者雖然暫時以強硬的方法取得優勢，卻沒有得到實質的好處，問題並沒有被解決，而下一場風暴可能即將到來。在人際關係中，這表示兩人意見不合，而且缺乏良好的溝通。在事業占卜中，這可能是惡性競爭的情況。

五號牌往往帶有衝突、不和諧的含義。

空中的雲正被狂風吹著，不安定的感覺意味著緊張、憤怒的氣氛。

雖然戰敗者的寶劍散落一地，但勝利者也沒有多餘的空間去撿拾，這代表著逞一時之氣的無意義爭鬥。

STORY 阿健和阿凱是同住的室友，雖然所有費用都是兩人平均分擔，但是阿健總是霸占電視，也不太幫忙整理環境。久而久之，阿健的信件與電話，阿凱也不願意代為處理了。寶劍五顯示了兩人之間相處得不愉快，而阿健雖然一時占了便宜，實際上卻失去了室友的幫助。

寶劍六

　　寶劍六所表示的，是一個負擔甚重的船緩慢前進的過程。船身插了六把寶劍，使得小船顯得格外沉重。但寶劍一旦拔起，船也將隨之沉沒，這意指過程中不能忽視的傷口或問題。在占卜中，這張牌意味著過去的傷痛將逐漸平復。重新接受愛與光明，能夠讓我們從痛苦的回憶中跳離。尤其在感情的占卜中，情感創傷的療復是其重要牌義。就工作而言，也許目前有不小的經濟壓力，但狀況終會好轉。此外，這張牌也有海外旅行的意思。

● 船上除了三個人物外，還承載著六把寶劍，意味負擔沉重與過去的傷害。

● 水面一邊洶湧起伏，一邊平靜無波，而船身正慢慢駛向平靜的那頭，象徵了療傷、復原與漸趨平靜的意涵。

牌面中小船的圖象，讓寶劍六擁有水上旅遊或海外旅行的意義。 ●

STORY 阿俊原本是熱愛籃球的好手，但在一次競爭激烈的比賽中受傷骨折，休息了大半年才痊癒，從此就不敢盡情打球了。最近由於朋友的鼓勵，阿俊才偶爾和幾個好友們一起練球。寶劍六顯示過去受傷的經驗使得阿俊排斥運動，但只要慢慢調適，他將能逐漸恢復原本的熱忱。

寶劍七

　　寶劍七代表一項高難度的挑戰，也可能表示一種陰暗、欺瞞的行為。牌中的主角正悄悄地潛入敵方的軍營裡偷取武器。這項危險的任務並非全然沒有勝算，但它暗示著必須換個方法來達成目標。在感情關係中，這代表著不能以誠相待的情形，搭配特定牌時（如逆杯三、星星牌），則可能意指三角關係或外遇。在事業上，要留心當事人或合夥人的可靠度，並注意投資的風險。整體來說，這是一張挑戰、欺騙和危險的牌。

主角像間諜般，小心翼翼地進行艱難的任務。但他的表情卻帶有面對冒險的信心。

偷偷摸摸、設法不引人注意地溜走，使人聯想到偷竊、欺騙以及不坦誠等意涵。

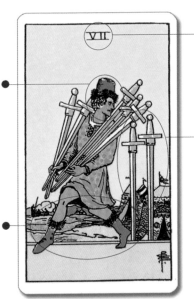

七號牌都帶有挑戰的意思，險峻的環境讓寶劍七的挑戰伴隨著更多的困難。

在危險環境當中的主角，因為無法將所有的武器偷走，為自己留下了不小的危機。

STORY 朋友想找阿玉一起合作投資，開一家咖啡簡餐店。阿玉雖然躍躍欲試，但又擔心自己沒有營業經驗也不善理財。寶劍七表示這項計畫對於沒有經驗的阿玉而言，是個困難的挑戰，同時合夥人是否可靠也應該謹慎評估。

寶劍八

寶劍八表示一個受到束縛、失去能力而恐懼不安的困境。牌中的八把寶劍將主角圍繞在其中，阻隔了後方代表安全感的城堡。雙手被綑綁的姿態，代表受到他人的束縛。在人際問題中，這常常代表受到限制或不自由的關係。在事業問題上，他人的批評可能令當事人非常在乎而不安。整體而言，寶劍八是一張盲目、限制與不安的牌。

VIII
主角的雙眼被蒙蔽，使他看不清楚內心與周遭的情況。
主角的雙足仍然可以自由移動，表示他仍然可以憑自己的力量脫困。這也象徵主角目前所處的可能只是一個想像出來的困境而已。
身邊八把寶劍散發出來的殺氣，讓失去清晰判斷力的主角感到恐懼與不安。

STORY 小美剛剛通過應徵而進入一家公司上班。由於資歷尚淺，對新環境又不熟悉，她工作時總是戰戰兢兢，十分在意同事和主管對她的評價與觀感。寶劍八顯示了小美內心的焦慮和不安，還有自己加諸在身上的壓力。

寶劍九

寶劍九表示的是一位擔憂、沮喪,且身心狀況不佳的人。牌中主角坐在床上彷彿剛從惡夢中驚醒,喻指思考、精神或潛意識問題的反應。牌中寶劍貫穿的部位,可能暗示頭、頸、心臟的健康出了問題。無論是哪一類的占卜,寶劍九往往表示所遇到的問題令人十分困擾,但也可能是自己想太多,而導致情緒上的起伏。整體來說,寶劍九是一張有關惡夢、沮喪與煩憂的牌。

● 從夢魘中驚醒的主角做出了掩面神傷的動作,牆上的寶劍有三把分別穿過他的頭、頸、胸,象徵他心中的沮喪、煩惱與不安。

STORY 阿龍平日常蹺課,從未專注於學業。但期末考試已經到了,考試範圍太大使得他準備不及。擔心學分被當的壓力使阿龍不但情緒低落也睡不安穩。寶劍九正好表示阿龍面對考試的煩惱和反應。

寶劍十

寶劍十顯現的是一個悲慘痛苦的情形，也象徵徹底的結束。十號牌意味著極致與過度，再加上寶劍本身的傷害意義，使得寶劍十的牌義蘊含難以承受的痛苦。但痛苦會帶來成長，「窮」之後緊接著「變」，「變」之後就是「通」了。無論是感情、學習、事業或其他方面遇到寶劍十，都別忘了在痛苦之後，曙光所帶來的改變即將出現。總而言之，寶劍十是一張跟結束、痛苦與重生相關的牌。

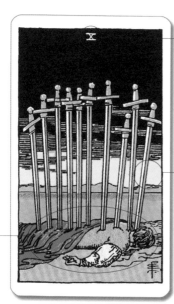

●十號牌是數字牌的最末一張，所以包含結尾的意思，也常含有極度的意義。

●黑暗的天空漸漸露出了金黃色的曙光，代表黎明即將到來，同時也喻指另一個開始、重生的契機。

主角躺臥在地，十把寶劍從頭到腳，每一把都刺進了身體，象徵了他的孤獨、痛苦與低潮。●

STORY 小鳳進入公司將近十年，工作穩定，公司營運狀況一直不錯。但是最近她卻被無預警地通知裁員，這個消息使她感到十分震驚沮喪。寶劍十表示小鳳失去工作所遇到的人生低潮。但也許還有更合適的工作機會即將出現。

錢幣Ace

　　錢幣Ace代表著與金錢有關的計畫或物質肉體方面的享樂。雲中伸出的是海神波賽頓的手，將錢幣捧在掌中象徵錢財與物質的豐足。錢幣是土元素的象徵，代表穩定的特質。就人際關係或事業占卜而言，錢幣Ace顯現出務實穩定的狀態，而且往往和財務上的吉兆有關。

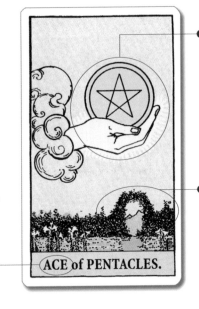

● 手捧著錢幣表示務實、享受與擁有財富。

Ace牌為一個牌組的開端，因此錢幣Ace常是一項財務計畫或新事業的開始。

● 美麗的花園中還有條通往遠方的小路，代表大自然的歡樂氣氛，以及可預期的收穫。

STORY 阿丹一直喜歡烘焙各種的西點和麵包，最近他考取了技術執照並獲得家人的支持贊助，自己開了一家麵包店。錢幣Ace正代表著阿丹剛起步的新事業。

錢幣二代表一個考慮選擇的狀態，或是有關財務、感情上的波動起伏。牌中主角的打扮類似雜耍藝人，也使得錢幣二有娛樂的意涵。大致上來說，無論是感情、學業或財務占卜，通常錢幣二都與不穩定的階段有關。簡而言之，這是一張衡量、不穩定跟娛樂的牌。

主角的雙手各拿著一個錢幣，若有所思地看著其中之一，這代表著抉擇與衡量。而當中的小丑裝扮，則使我們聯想到娛樂牌義。

牌中人物的腳一高一低，表示難以平衡。水與情感有關，背後波濤洶湧的海浪，喻指情感或財務的起伏不定。

STORY 情人節就要到了，阿東卻還沒準備好要怎麼和女友一起度過。這幾天他一直煩惱該送禮物還是鮮花？要吃飯還是看電影？錢幣二的出現，表示阿東最近的情緒都被情人節的活動所牽引，而他一直還沒拿定主意。

錢幣三

　　錢幣三代表的是團隊合作與穩紮基礎。牌中的背景是一處建造中的教堂，它已具備基本的雛型但仍未上色完工，這表示目前所擁有的基石。在人際關係和事業工作上，錢幣三往往代表經由共同的合作和努力，營造長久堅定的未來，這也是「三人同心，其利斷金」的表現。整體來說，錢幣三是一張合作、協商和打造基礎的牌。

三號牌常帶常有合作的意味，這也可以從牌中三人的商討中看出。

工匠、傳教士與設計師正在計畫如何建造教堂的事宜，這讓人聯想到討論、協商與合作，目的則是為了建造這座教堂長久穩固的基礎。

STORY 下學期的社團活動已經策畫妥當，現在社團幹部們正在討論詳細的工作分配與執行細節。錢幣三所顯現的正是幹部們經由討論、合作以推動社務運作的情形。

錢幣四呈現的是吝於分享與執著的心態。圖象中的人物身披長袍大衣、頭戴金冠，表示他已擁有一定的財富和成就。但他一人孤立於城市之外的意象，則暗示了人際關係上可能的疏離。這種固執而不能敞開心胸的情形，往往只會帶來情感上的控制與占有。他應該明白的是，當自己緊緊抓住某樣事物之時，也讓那樣事物緊緊抓住了自己。就事業而言，錢幣四可能是表示穩定獲利的情形，但也暗示著金錢的運用過於保守。

● 牌中的人物不僅手中緊抱、腳下踩踏著三個錢幣，頭上還想再多頂一個，這種執著的心態若展現在錢財上，則為吝嗇的守財奴；展現在感情上，則可能是個占有欲很強的人。

STORY 阿強追求小琪已久，雖然遭到小琪一再的拒絕，但他仍然不死心不放棄。錢幣四正指出了阿強不屈不撓的執著心態。

錢幣五

錢幣五呈現出一種貧困飢寒、受傷潦倒的悲慘境遇。天寒地凍裡，兩個遊民經過能提供物質與精神援助的教堂，卻視而不見，這意指忽略了身旁的契機。而其中一個人的腳部受傷，象徵身體上的疾病或傷痛。在人際占卜中，錢幣五往往代表受挫、分離和空虛的情況。在事業占卜中，錢幣五則顯示出財務困難的窘境。整體而言，錢幣五是一張貧窮、困苦與低潮的牌。這當中的課題是，學著去明白：「要做一個物質不虞匱乏的人，就要先讓自己成為一個心靈的富翁。」

裝飾了彩繪玻璃的教堂，象徵物質和精神上的庇護，以及身邊的轉機。

五號牌常常帶有矛盾、障礙與不和諧的涵義，錢幣五表示的主要是財務上的困難與障礙。

兩個流浪漢衣衫襤褸、受傷疲憊的樣子，使人聯想到人生中的低潮、挫折與貧窮。

STORY 小嫻和小靜兩姊妹趁著百貨公司的周年慶特價，相偕去逛街。但是付帳的時候卻發現皮夾不翼而飛，只好垂頭喪氣的離開。錢幣五的圖象呈現出兩人當天破財、沮喪的樣子。

錢幣六

　　錢幣六表示「給予」和「接受」的平衡關係。從牌中富人站立而乞丐跪地的姿態來看，可知雙方的地位並不平等。問卜者所扮演的可能是施與受的其中一方。這張牌可以代表人際關係中，一方付出而另一方接受照顧的相處模式，甚至有一方支配而一方順從的可能，但這樣的不平等關係卻是平衡的。就事業工作來看，這張牌可能是財務收支平衡的代表；有時候則是指受雇於人的情形。

富人手持錢幣向下施予的動作，顯示出錢幣六給與、付出和幫助的牌義，但也讓富人在無形中擁有了支配弱者的權力。

富人手中沒有絲毫傾斜的天秤，象徵著平衡、穩定的關係。

乞丐手掌朝上準備承接的姿勢，代表接受與順從。

STORY 婷婷想利用暑假來打工賺錢，她到一家咖啡店應徵獲得錄用，但卻考慮著時薪一百一十五元的報酬是否合理。錢幣六這張牌的出現，表示這是一項可以接受的勞資關係。

錢幣七

　　錢幣七代表構思如何使用金錢或資源。牌中的錢幣象徵主角長久以來辛苦耕耘的成果，現在他擁有穩定的財務狀況，可以停下腳步來想想該如何將既有的財富做妥善的安排。因此，錢幣七也意味著短暫的停滯狀態。在占卜中，這張牌通常代表謹慎地計畫下一步行動，就像《論語》所說的：「多見闕殆，慎行其餘，則寡悔。」總而言之，錢幣七是一張思考、籌畫和沉思的牌。

主角靠著鋤頭，若有所思地望著自己栽種的農作物，這幅景象代表他正在評估、籌畫下一步該怎麼走。

長滿錢幣果實的樹木，暗示著豐收的成果，也表示主角目前所擁有的成就。

錢幣七所帶來的挑戰，大多是偏向於財務投資或有關未來前途的。

腳邊已採收的錢幣，象徵現階段準備好要運用的資源。

STORY 阿宗出社會工作這幾年，已經存了一筆不小的積蓄。最近他想挪用一部分來買車或購屋。錢幣七顯示出阿宗財務規畫的情形。

錢幣八

　　錢幣八顯示的是一種努力不懈，以求進步的狀態。雖然主角已經擁有一定的基礎和成就，但他仍然不鬆懈自己。在感情占卜上，這代表當事人用心經營、維繫彼此的關係，但有時候卻代表某一方因忙於工作而疏忽了伴侶。就學業和工作而言，這張牌代表認真投入的態度，而且暗示著成功即將到來。簡而言之，錢幣八是一張伴隨著努力與精進的牌。

● 完成之後掛在牆上展示的錢幣，表示過去的成果與現有的基礎。

工匠正努力專心地打造錢幣，這是精進技藝與追求成就的象徵。

● 在工匠的腳邊，等待被琢磨的錢幣代表尚未完成的事物，也是他目前努力的方向。

STORY 阿銘就讀於博士班已經第六年了，他的畢業論文已完成了一半，目前還在努力寫作中。錢幣八的出現，告訴阿銘只要繼續努力奮鬥，就能順利通過口試，並取得學位。

錢幣九

錢幣九表示的是悠閒而富足的生活環境。牌中的主角衣著華麗，怡然自得的站在結實纍纍的果園裡，喻指擁有優渥的物質條件。而在工作之餘，她也懂得親近自然，享受成果。在人際關係上，錢幣九暗示彼此相處和諧穩定而順利。在事業工作上，通常表示先前投入的心力已經看到成果，是可以輕鬆享受的時刻了。總而言之，這是一張與安穩、富裕、和諧有關的牌。

主角手上停著一隻小鳥，享受輕鬆寫意的大自然景象，象徵著悠閒安逸的生活。

掛在樹叢中的錢幣果實，象徵著主角的成就與收穫。

STORY 小琳這一年來工作表現優良，公司的業績也有大幅成長。過年前她領到了一筆豐厚的年終獎金，可以利用春節好好出國度假。錢幣九表示小琳的工作有成，已經到了可以享受成果的時候了。

錢幣十

　　錢幣十代表一個物質富足、舒適安穩的環境。在人際占卜上，這張牌常代表因利益而結合的關係或團體，但欠缺堅定的情感。在事業工作上，這張牌帶有交易成功、投資獲利和財務穩定等意涵。十號牌因為有極致、過度的意義，因此也暗示當事人可能忽略了內在心靈的追求。整體而言，錢幣十是一張富裕、成功但情感疏離的牌。

● 十號牌有極致和頂點的涵義。而錢幣十正是物質巔峰的代表。

牌中的人物屬於 ● 同一個家庭，這個家庭擁有非常富足的物質條件。但他們的眼神卻透露出彼此之間因為缺乏情感的交流所造成的疏離。

STORY 阿志在辛苦了半輩子，賺進萬貫家財後，才發現過去自己因為專注於工作而忽略了家人。這使得家中成員之間的互動相當冷淡。錢幣十正好將這樣的情況貼切地顯現出來。

小阿爾克納宮廷牌

宮廷牌的架構

　　小阿爾克納的宮廷牌（Court　Cards）共有十六張，且跟數字牌一樣分成權杖、聖杯、寶劍、錢幣四個牌組，每個牌組分別有侍從、騎士、王后和國王，其主要功能是代表人物或人物的特質，有時候也會用來表示特定的事件或狀況。

人物	內涵	權杖（火）	聖杯（水）	寶劍（風）	錢幣（土）
侍從	訊息	火之訊息	水之訊息	風之訊息	土之訊息
騎士	行動	火之行動	水之行動	風之行動	土之行動
王后	感情	火之感情	水之感情	風之感情	土之感情
國王	穩定	火之穩定	水之穩定	風之穩定	土之穩定

宮廷牌不同的稱謂

宮廷牌的人物名稱可能會因不同的塔羅牌版本而改變，例如金色曙光塔羅牌的宮廷牌為公主、王子、王后和國王；克勞利·托特塔羅牌中則是公主、王子、王后與騎士。但即使名稱有所出入，不同牌種之間的宮廷牌仍然可以互相轉換與對應。本書中的宮廷牌解說將以偉特牌為標準，也就是分為侍從、騎士、王后和國王四種人物。

人物	特質	性別與年齡
侍從	純真、未成年	20歲以下之男女
騎士	動力、青壯年	20歲至35歲之男性
王后	感性、已成年	20歲以上之女性
國王	穩重、中老年	35歲以上之男性

權杖侍從

　　權杖侍從是權杖家族中最小的成員，權杖所具有的熱情與行動力，都以年輕而活力充沛的表現方式，遺傳到權杖侍從的身上。就像田園農家中的小孩一般，權杖侍從以活潑好動的方式展現他純真的生命。熱情、活力與冒險的精神，是它展現出來的優點。在實際占卜中，這張牌通常代表一個具備權杖侍從特質的當事人或關係人。就事件狀況而言，這張牌常與行動的計畫或訊息有關。

橫亙在前方的沙丘，象徵權杖侍從將以勇於冒險的精神，克服未來的挑戰。

侍從的任務之一是「傳遞訊息」。權杖侍從帶來了行動的訊息，以及新行動的計畫。

PAGE of WANDS.

STORY 阿勳是T大的新鮮人，剛脫離了指考生涯的他，以無比的好奇心參與各種社團。阿勳那熱情而勇於嘗試的特質，就像權杖侍從所展現出來的。在短短的一個學年之內，他已成為五個社團的社員。

權杖騎士

　　權杖騎士是權杖家族中最年輕力壯的一位，權杖的熱情與騎士的動力，以互相加乘的方式透過他展現出來。如同田園農家中的青壯年，杖騎以熱情開朗的態度面對生活。任何的困難與障礙，他都樂於去挑戰與克服。活力與動力，是權杖騎士引以為傲的優勢；熱情與決心，是他賴以成功的本錢。然而，EQ與智慧，卻是權杖騎士的心靈能否成長的關鍵。在占卜中，這張牌除了代表杖騎特質的人物以外，也常表示一項冒險的活動或是旅行的安排。

KNIGHT of WANDS.

權杖騎士的火紅色帽飾，就如同他的衣飾與駿馬，都充滿了權杖的象徵，亦即火元素特質。這使我們理解到權杖騎士熱情且衝動的性格。

權杖騎士座下的紅馬高高舉起雙腿，表現出跨越連綿沙丘的姿態，清楚地顯示出冒險犯難的精神，以及不懼挑戰的決心。

STORY 活動部長阿俊，一直是班上同學喜歡委辦活動的對象。積極主動的性格，是他快速完成工作的最大原因。但衝動而缺乏謹慎的缺點，卻讓人不敢託付需要細心與耐心的工作給他。綜觀阿俊身上的優點和弱點，他可說是權杖騎士的真人版。

權杖王后

　　權杖王后是權杖家族中的母性代表，王后所具有的感性與直覺，巧妙地融合在屬於陽性力量的權杖之中。就像田園農家中的母親一般，她常給人光明、親切與歡樂的感覺。在人際關係占卜中，別忘了尋找具有杖后牌特質的關係人。但就事情的狀況來說，權杖王后經常代表一種快樂或幸運的象徵。

一隻黑貓的出現，表達出權杖王后在樂觀積極的外表下，仍然保有超越現實的直覺。

權杖王后手中的向日葵，象徵了太陽般的笑容與快樂。座椅上的獅子座圖騰，也暗示了權杖王后熱情大方、行事積極以及誠懇待人的性格。

STORY 阿峰雖然是個二十三歲的大男生，卻在代表自己的占卜中抽出了通常代表女性的權杖王后。深知阿峰那熱情、主動、坦率卻略嫌八卦個性的朋友們，都不禁露出了會心一笑。

權杖國王

權杖國王是權杖家族中的成熟男人，國王所具有的穩重和謹慎，以穩紮穩打的行動顯現出來。就如同田園農家中的父親，憨厚忠實的外表下，帶有一份成熟小心的世故。在人際關係占卜中，記得要尋找一位具有權杖國王特質的人物。但如果這張牌是用來代表一種狀況或情形，除了謹慎行事的建議外，也別忘了檢視自己是否太過自我中心。

權杖國王充滿自信的看著遠方，並握住代表行動的權杖，象徵他慎謀能斷的智慧。

● 穩坐在王座之上的權杖國王，以姿態顯示出他堅定不移的信念，但也同時蘊含了剛愎自用的缺點。

● 用來象徵火元素的蜥蜴，提醒了大家，四張權杖宮廷牌都不能脫離火元素所帶來的特質和影響。

KING of WANDS.

STORY 四十歲的阿孝可說是權杖國王的化身，他雖已爬上公司總經理的位子，但在施展抱負的同時，仍然不忘經過仔細小心的謀畫。高人一等的能力與地位，使他獲得了眾人的景仰；但過度自信的心態，卻是阿孝將來可能的敗因。

聖杯侍從

聖杯侍從是聖杯家族中最年幼的成員，聖杯代表的感性和好學，以青春活力的方式展現在侍從的身上。就像書香世家中的孩子一樣，習慣沉浸在學習與思考當中。在實際占卜裡，聖杯侍從常常是一個浪漫好學；具有孩子氣的男生或女生。此外，高度的感受力是聖杯侍從的天賦，運用美學、感性的方式來學習，將能為杯侍帶來事半功倍的效果。如果這張牌所陳述的是事件或情境，聖杯侍從經常捎來有關感情的消息。

聖杯侍從的帽子充滿了創意與柔性，顯示了水元素的感性特質。

聖杯代表學習與感情，侍從則表示訊息與思維。因此，聖杯侍從總是帶來感情的訊息或是學業的新消息。

正在和杯中魚兒說話的侍從，充滿了想像力與感受力，處於這種時期的少年，正是學習的最佳階段。

PAGE of CUPS.

STORY 就讀於國中的寶兒，沒有一般同學對考試的焦慮。學習對她而言是一種樂趣，就像她平常生活當中對繪畫和音樂的喜好一樣。就在寶兒的身上，我們似乎看到了聖杯侍從的影子。

聖杯騎士

　　聖杯騎士是聖杯家族的中堅分子，代表感性的聖杯加上充滿動力的騎士，產生了優雅多情的白馬王子，如同書香世家中的有為青年。聖杯騎士是水元素與行動力的組合，他經常藉著右腦的靈感獲得成功，與直覺密不可分的想像力，也帶給他創新的思維。在占卜中，聖杯騎士代表一個吸引異性目光的翩翩公子，但有時過多的機會卻可能使他難以專注在一個目標上。在事件的描述中，和感情有關的行動常常是這張牌所指的意涵。

● 騎著白馬的聖杯騎士，帶著優雅恬適的氣質，平舉在胸前的聖杯象徵著奉獻，而其中蘊含的水元素，為文質彬彬的騎士增添了浪漫的情懷。

KNIGHT of CUPS.

STORY 小君每次見到同班的阿倫，總是難以抑制心中的小鹿亂撞。除了過人的學識與智慧，阿倫英姿煥發的氣度也深深吸引著小君。因為對她而言，具備了聖杯騎士所有條件的阿倫，正是她心目中的白馬王子。

聖杯王后

　　聖杯王后是聖杯家族中的女性象徵，聖杯的水元素與王后的水元素匯集，造成了聖杯王后過人的直覺與感性。就像書香世家中的母親一樣，除了沉浸在文學與藝術中，仍不忘關心孩子的學業和感情。在占卜當中，除了從人際關係中尋找可能具有聖杯王后特質的人之外，這張牌也經常代表了專心、慈悲和幻想的特質。當我們以尋求忠告的方式進行塔羅占卜，杯后的出現，可能指示順著感性、柔和、直覺或創意的方向，就能克服困難，完成任務。

聖杯王后的跟前有著流動不息的海水，水元素的極致呈現，帶給聖杯王后超出常人的柔性與感性。水象星座的所有特質，彷彿全匯集到了同一人身上。

QUEEN of CUPS.

聖杯王后全神貫注地看著手中華麗的聖杯，擁有強大心靈感受力的她，正以內心傾聽她情感所投注的對象。

STORY 阿英大部分的時間，都花在彈鋼琴這件事上。學琴二十年的她，隨手就能彈出動人的樂曲。除了鋼琴之外，凡是充滿藝術氣息的事物，也都在她的關心之列。感性與美學齊集一身的阿英，彷彿正以人生來述說聖杯王后的故事。

聖杯國王

聖杯國王是聖杯家族中的年長男性，聖杯所代表的感情或學習，都在國王的穩重和成熟中獲得了安定。如同書香世家中的父親，智慧的涵養使他懂得設身處地關心家人，感性與穩定的合一，使得聖杯國王成為一個愛家的好男人。在占卜中，這張牌除了代表一位具有聖杯國王特質的人以外，也可能是顯示感情關係的成熟和穩定。當我們尋求忠告時，杯王所提供的建議，是以一種了解、鎮定的智慧來解決問題。若以事業工作方面而言，感性與創意的方式將能帶來突破。

KING of CUPS.

● 環繞著王座的海水，象徵澎湃不息的情感。氣定神閒的聖杯國王，坐在穩如泰山的王座中，象徵穩定的感情、成熟的智慧以及高度的EQ。

STORY 梁先生雖然已結婚二十年，但卻從來不曾稍減他對老婆與孩子的關心和專注。家人在外面所受到的委屈或埋怨，總能在與他的對話中獲得慰藉。聖杯國王就是這樣一個深具同理心的好丈夫、好父親。

寶劍侍從

寶劍侍從是寶劍家族中最年輕的成員，寶劍的強烈風象特質在未成年的侍從身上，展現出輕浮、光說不練的特性。就像幫派組織中的小嘍囉一般，把自己的人生建立在虛浮、不穩的基礎上。在實際占卜中，寶劍侍從除了代表不知腳踏實地的人以外，也可能描述一個風象特質明顯的人。至於在顯示狀況上，這張牌常有計畫、流言或旅行的意涵。

風起雲湧的景象，象徵了這張牌不安定的氣氛。

寶劍與傷害和思維有關。寶劍侍從可能帶來了傷害的訊息或是不好的流言。但也可能是表示一個有關未來的夢想或計畫。

寶劍侍從輕浮的站姿，顯示出他不切實際、不夠腳踏實地的個性。

PAGE of SWORDS.

STORY 小建終日向朋友高談他對於未來的看法以及事業的前景。但幾年過去了，小建依然在談著他最近的新看法和計畫，而從前說過的從未有任何一項曾付諸實行。寶劍侍從經常被用來描述這樣一個光說不練的人物。

寶劍騎士

寶劍騎士是寶劍家族的中堅人物，寶劍所代表的傷害和思維，可能讓他帶來傷害的行動。但風元素與行動力的結合，也可讓劍騎擁有無礙的辯才。寶劍騎士如同幫派組織中的主力成員，經常為世界帶來混亂與破壞。在占卜中，寶劍騎士可能代表一個情緒不穩、思維非常跳躍的人。至於有關情境的描述，這張牌則與演變快速的狀態有關，也常常用來描述一個對立失和的情況。

右手高舉利劍，馳騁在戰場上的寶劍騎士將會帶來對立與毀滅。

寶劍騎士策馬飛奔的圖象，明白點出他是所有宮廷牌當中最快速的一張。迅捷的行動是他一貫的作風；而盔甲上帶有的尖刺也顯示出他的傷害性。

KNIGHT of SWORDS.

STORY 阿華對朋友提出了他對股市投資的看法，並且非常快速地開戶和下單。但三天不到的時間，阿華已經改變主意賣出了股票，並且改為投資古董。就像從前的情況一樣，沒有人能預測三天後，阿華會將他一如寶劍騎士般快速變動的思維焦點放在何處。

寶劍王后

寶劍王后是寶劍家族的女性象徵，風元素的知性與王后的融合，表現出一個理性而略帶冷漠的女人。就像幫派組織中大哥的女人一樣，她已經學會沉著地表達與決斷，但其內在的壓力和痛苦，往往根源於對過去回憶的執著。就實際占卜而言，除了可能代表一個嚴肅的女人之外，這通常是一張表示悲傷、失落以及思考情感的牌。寶劍王后必須學會超越已經成為回憶的過去，方能重新接納愛的能量。

代表感性與情緒的王后，手持帶有傷害意義的寶劍，顯示出這張牌的牌義與悲傷、分離和失落有關。

王后是水元素的象徵，也代表和感情相關的事物，再加上寶劍牌組的思考意涵，點明了寶劍王后那思索情感的牌義。

QUEEN of SWORDS.

STORY 阿美最近一直在思索和大雄的關係，自從大雄在三天前對阿美告白以後，她就陷入了猶疑不定的狀態中。寶劍王后的牌出現，恰如其分地指出阿美目前的處境。

寶劍國王

　　寶劍國王是寶劍家族中的年長男性，寶劍所代表的理性與分析，都在國王的穩定中獲得了純化。如同幫派組織中的教父，他的決斷清晰而快速，思考非常具有邏輯；而他嚴肅而冷酷的面容，則展現出強大的權威感。在占卜中，這張牌除了代表特定的人物之外，也與法律的事物息息相關。同時，寶劍國王也提醒當事人在遇到困境的當下，不妨請教適當的專家，以利難題的解決。

國王是成熟與穩定的象徵，風元素所帶來的知識和理性，在寶劍國王的身上獲得了淬鍊，而造就出各式各樣的專家。

寶劍國王手中所拿的寶劍，象徵他清晰的判斷力與決斷力，同時暗示他掌握了專業的知識。

KING of SWORDS.

STORY 葉醫師在外科領域當中具有高度的專業評價，獲得病患的一致推崇。他略帶嚴肅的面容雖然造成了一些距離感，但絲毫無損於大家對他專業能力的肯定。寶劍國王就是這麼一個專家型的人物。

錢幣侍從

錢幣侍從是錢幣家族中的年幼成員,錢幣所蘊含的務實和錢財,都以熱中、好學的方式展現在侍從的身上。就像企業豪門中的孩子,從小就把理財與投資當成遊戲和消遣。在實際占卜中,錢幣侍從可能代表某個重視物質、肉體和錢財的人,也可能代表一個熱愛大自然的青年男女。若以事件或狀況來看待這張牌,它描述的可能是一種踏實的事件或情境。

緊緊盯著錢幣的侍從,對金錢與財務付出了他的關注。從這幅景象中,我們可以看出錢侍重視物質又嚮往財富的牌義。

錢幣侍從帶來了有關財務的訊息,有時則表示一項財務的計畫或學習。

PAGE of PENTACLES.

STORY 當別人都在參加社團和郊遊的時候,阿修卻想著如何把他的時間轉換成金錢,以及把他的十萬元資金變成二十萬。這種有異於同儕的務實心態,正顯現出錢幣侍從的特質。

錢幣騎士

錢幣騎士是錢幣家族中的青壯年，代表物質的錢幣加上富有行動力的騎士，形塑出為事業金錢而奮鬥的人。就像企業豪門裡初接大任的壯年人，他將以信心、決心和毅力，獲得物質上的報酬，並以此證明他的能力與價值。在占卜應用中，錢幣騎士經常代表一個專注於事業或金錢的人，因此這是一張代表事業或財富成功的牌。但對感情占卜來說，這樣的人卻缺乏浪漫與溫柔。如果就事情的狀況而言，這張牌通常顯示出一個努力奮鬥的狀態。

錢幣騎士手捧錢幣，望向遠方的目標，這幅圖象顯現出主角為金錢奮鬥的情境，也暗示了他堅定的決心與務實的心態。

暫時停下腳步的黑馬，象徵錢幣騎士穩紮穩打的特質。在扛下責任的時候，錢幣騎士就決定依靠穩健的腳步努力達成任務。

KNIGHT of PENTACLES.

STORY 阿德自從退伍以後，雙親即對他寄予厚望，希望他能一肩挑起家中的經濟重任。義無反顧的阿德接下任務以後，生活的重心就轉移到了事業上。每天忙於工作和金錢的他，正是錢幣騎士的代言人。

錢幣王后

　　錢幣王后是錢幣家族中的女性象徵，錢幣的穩定與王后的水元素，合成了喜悅平穩的感受。再加上財務與情感特質的融合，帶出了以感性的方式運用物質的牌義。錢幣王后就像企業豪門中的母親一樣，除了具備精明的理財眼光之外，還不時關心著家中大大小小的情況。在占卜當中，它除了代表特定的人以外，這張牌也可以表示深思熟慮帶來的成功，或是服務他人的情境。

錢幣王后專心地看著手中的錢幣，她那充滿愛心的表情顯現出母性的光輝，此情此景也同時暗示了主角精明敏銳的理財眼光。

后座旁邊的野兔，是大自然生意盎然的表徵，同時也顯示出這張牌和諧、喜悅的氣氛。

QUEEN of PENTACLES.

STORY 阿萍擁有自己的一套理財觀，她對於每月的薪資所得，都做了適當的投資與安排。善於理財的她，也不忘每月捐出一部分的收入給世界展望會，以幫助世界各地的貧困兒童。用錢幣王后這張牌來形容阿萍，可說是再貼切不過了。

錢幣國王

　　錢幣國王是錢幣家族中的年長男性，錢幣所代表的財富和穩定，都在國王的穩重和成熟中獲得了放大。如同企業豪門中的父親，長年的歷練和經驗，使他懂得以靜制動、以不變應萬變的智慧和技巧。身帶雙重土元素的錢幣國王，擁有最強烈的土象星座特質。穩定與安全是他最大的好處，但固定而保守卻是他明顯的弱點。在占卜裡，錢幣國王除了代表一位穩重、厚實的人以外，也代表事業成功、穩定而生活富裕的情境。

錢幣國王的左手輕輕地搭在錢幣上，象徵他對於掌握財富和運用金錢，都已到達了隨心所欲的地步。

王座旁邊結實纍纍的果實，象徵錢幣國王早已擁有相當的成就和穩定的生活。

KING of PENTACLES.

STORY 動作緩慢的阿盛在班上以穩重出名。無論是同學開他的玩笑，或是面臨重大的考試，他總是一派從容和緩的樣子，深具錢幣國王的風範。

塔羅牌的「逆位置」

當我們使用方向不定的洗牌法時，就會出現擺放方向相反的牌。這種擺放位置相反的情形，我們稱之為「逆位置」。由於逆位牌在解釋的時候，可以做出許多不同於正位置的變化，因此，逆位置在一定程度上豐富了塔羅牌的內涵。然而，只要是深入研究過歐美塔羅牌體系的老手，就會知道塔羅牌的逆位置並沒有固定的解釋。使用同一牌種的塔羅名家對同一張牌的逆位詮釋，有可能差異極大，甚至背道而馳。因此，在這種沒有標準答案的情形下，有關逆位置的使用與解釋，就出現了不少值得探討的問題。

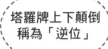

塔羅牌上下顛倒稱為「逆位」

逆位置解讀法

使用同一牌種的塔羅名家對同張牌的逆位解釋可能差異極大,關於逆位的使用與解釋也沒有標準答案。以下,將從「逆位七法」、「能量隱蔽法」提出學習逆位置解讀的學習方向。

解讀1 逆位七法

由於逆位置的解釋變化多端,難以比照一般的牌義介紹。因此,筆者在自己所教授的塔羅牌課程中,採用原則性的教學法,並輔以實例指導同學使用逆位置。課程中所列舉的逆位置解牌法有七種,這七種方法各有所長,而且可以相輔相成,對於學習逆位置解讀有相當的助益。

解讀法	說明
1.反義法	正位置牌義的相反詮釋
2.前位法	未能通曉前位牌的課題
3.圖象法	圖象變化所造成的影響
4.負面詮釋法	正位置牌義的負面詮釋
5.過與不及法	原始特性的太過或不及
6.反向建議法	正位建議的捨棄與轉向
7.能量隱蔽法	將一切視為能量的應用

解讀2 「能量隱蔽法」

筆者認為「能量隱蔽法」把宇宙中的一切視為能量流，已經得到萬物生滅流變的宗旨，所以特別加以介紹。所謂「能量隱蔽法」，顧名思義是用能量的隱微和遮蔽來詮釋逆位牌。這個方法出自於美國的塔羅名作《Learning the Tarot》，至於「能量隱蔽法」這個名稱，則是筆者為了稱呼方便，而依照它的解牌要旨來命名。這幾項要點看似單純，但其實已蘊藏了高度智慧在其中。所謂「師父引進門，修行在個人」，右頁是「能量隱蔽法」的中心要點，其他就要靠讀者自行體會和應用了。

INFO ☀ 逆位置的使用是必要的嗎？

由古到今，諸多使用塔羅牌的名家大多採用逆位置，以便進一步加強塔羅牌詮釋的深度。然而，在塔羅牌的運用上，其實是可以選擇忽略逆位置的。目前世界上塔羅牌的諸多流派中，不用逆位置的大有人在。相關原因很多，有一些牌種根本分不出正逆位，而且七十八張塔羅牌的排列變化已足供使用；更重要的是「萬變不離其宗」，正如一本被倒過來的書，仍然是同一本書，塔羅牌的逆位置也是一樣。因此，究竟要不要使用逆位置，端看使用者個人的選擇。

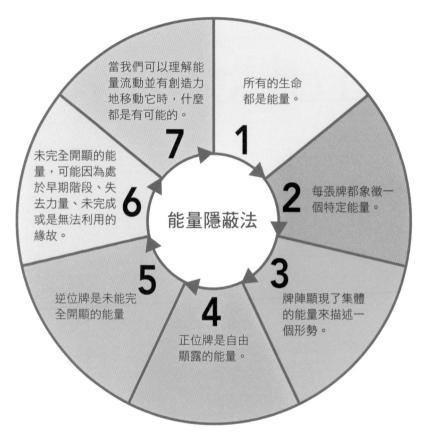

能量隱蔽法

1 所有的生命都是能量。

2 每張牌都象徵一個特定能量。

3 牌陣顯現了集體的能量來描述一個形勢。

4 正位牌是自由顯露的能量。

5 逆位牌是未能完全開顯的能量

6 未完全開顯的能量，可能因為處於早期階段、失去力量、未完成或是無法利用的緣故。

7 當我們可以理解能量流動並有創造力地移動它時，什麼都是有可能的。

Tarot Spreads

CHAPTER 4

六種常用牌陣

　　懂得塔羅牌義以後，還需要藉由「牌陣」以有效率地運用塔羅牌占卜。簡單來說，牌陣是指一種在占卜時以紙牌排列呈現問題的形式，藉由牌陣可以幫助我們釐清問題，並洞悉解決問題的關鍵。

　　在塔羅牌悠久的歷史中，出現許多流傳甚廣的經典牌陣，到了資訊便利的現代，由於研究者日增，更使得世界上出現了無數的新興牌陣。本篇章將精選幾種常見且實用的牌陣，幫助大家學習塔羅牌。

本篇教你

- ✪ 時間之流牌陣
- ✪ 天地人牌陣
- ✪ 身心靈牌陣
- ✪ 戀情牌陣
- ✪ 大衛之星牌陣
- ✪ 多擇一牌陣

時間之流牌陣

　　「時間之流牌陣」是最簡易的牌陣之一，它以三張牌的形式，呈現特定事件在不同時間點上的情形。坊間常以「聖三角」的方式排列，但本書採用西方塔羅界較認同的線形排列。

牌1 過去

這張牌代表當事人或所占問之事的過往狀況，它可能是整體概說、曾發生的某事（某人），或是當事者的心境。

牌2 現在

這張牌代表當事人或所占問之事的現況，主要顯示當事人最近的情形、心境，或是所遇到的關鍵人、事。

牌3 未來

這張牌代表當事人或所占問之事的未來狀況，也就是事件發展的結果。

解牌關鍵

當3號的「未來」所顯現的並不是我們想要的結果時，先不必感到難過。只要事情尚未成真，就還有改變的空間。「過去」與問卜者的「心態」（切牌）共同形成了「現在」，而「現在」又與「心態」共同塑造出「未來」，占卜所告訴我們的未來是「依照當下的心態與選擇」所實踐的那個未來。因此，只要懂得調整「心態」掌握，並改善「現在」，我們就能創造「未來」。

哪些問題適合「時間之流牌陣」？

當我們占問具有時間性的問題，就是使用「時間之流牌陣」的好時機。例如：我在這份工作當中的發展如何？我與某人的友情如何演變？我在社團當中的情形如何？依據問題的不同，過去、現在與未來所顯現的項目也會有所不同。

INFO ☀ 避免宿命式的論斷

未來存在著無限的可能性。因此，在使用時間之流牌陣的時候，請占卜者不要對未來做出「鐵口直斷」的解釋。「自由意志」的可貴，就在於提供了我們選擇的機會。完全宿命式的論斷，是一種對問卜者自主能力的侮辱。

天地人牌陣

　　「天地人牌陣」是筆者依據牌陣原理所設計出來的牌陣之一。全世界的三角形牌陣至少有二十五種，其功能與特色各有不同。而「天地人牌陣」可以針對一項計畫或行動，來審視其天時、地利與人和是否恰當，以便做出因應的調整。

牌1 天時

天時牌顯現出計畫進行的時機是否恰當，採取某個行動的時間是不是適合。

牌2 地利

地利牌告訴我們行動的地點適不適當、或是推動某項計畫時，周遭環境的助力與阻力又如何。

牌3 人和

人和牌表示占卜的對象或其他關係人的條件或看法，有時則是顯現他人對於本計畫的支持度。

解牌關鍵

　　使用此牌陣的時機，通常是為一項計畫或決定做預先的檢視。因此，在解牌之際，我們可以先快速查看三個位置的牌是否表示著占問之事能順利進行。然後，再針對不順、阻滯的位置加以檢討，就可以迅速切入重點。

哪些問題適合「天地人牌陣」？

當我們要檢視一個計畫的時間、地點與對象（或周遭的人），就是使用這個牌陣的好時機。舉例來說，阿峰即將與阿芳約會，此時阿峰就可以用「天地人牌陣」檢視選擇的日子、約會地點以及周遭朋友的看法。

INFO　　＊化阻力為助力

必須提醒大家，不是每件事都必須得到十全十美的條件才能進行。天時、地利與人和若能得其二，就已相當不錯；即使有兩項不利因素，也未必無法順利完成計畫。只要善加利用優勢之處，小心處理不利因素，自有趨吉避凶的效果。

身心靈牌陣

本書第一篇曾經提到，除了占卜之外，塔羅牌最重要的功能就是「靈修」。這聽起來好像很神祕，但簡單來說，「靈修」就是追求身心靈的整合與成長。而這裡要介紹的「身心靈牌陣」，就是展現靈修功能的利器之一。

牌3 靈

這個位置代表當事人向善的部分。由於靈是上天的分授，而使得人類產生回歸於「一」的渴望。若要回歸於一，就必須體會並實踐「一體性」，真正做到視人如己，而止於至善。

牌1 身

這個位置代表當事人肉體的部分，以及其延伸出來的欲望與情緒。它等同於孔子所說的「血氣」，其中應戒慎的好色、好鬥與貪念，就是肉體所牽動的情緒以及所引發的欲望。

牌2 心

這個位置代表當事人的心。心的功能大致有三：認知、情感以及抉擇。而這裡所重視的是「抉擇功能」，即「自由意志」的部分。雖說心可以自由選擇，但一般人順性而為的結果，往往讓心被肉體牽著走。

解牌關鍵

　　若要妥善運用並發揮「身心靈牌陣」的效能，沒有累積一定的解牌功力是難以做到的。因此，筆者提供一個較易上手的簡化法給初學者，那就是把「身」視為「沉淪之力」，「心」視為「抉擇之力」，「靈」則是「提昇之力」。身、心、靈三部分的對應，其實就是三種力量的拉扯。

 哪些問題適合「身心靈牌陣」？

　　無論何時何地，只要你想追求心靈上的平靜、身心靈的整合與進化，就是使用這個牌陣的好時機。我們只要靜下心，做好準備來審視自己的身、心、靈三部分，就可以藉由塔羅牌從集體潛意識當中獲得解答。此外，「身心靈牌陣」也可以檢視自己在生活中特定層面（如工作、學業、愛情）的整體狀況，也能夠延伸占算兩人之間的感情狀態。

INFO　　　* 牌與牌之間的神奇對應

在使用身心靈牌陣檢視自身的時候，別忘了尋找牌與牌之間的對應和關聯。當我們對牌與牌之間的關聯有清楚了解時，別忘了問問自己：我們那代表自由意志的心，是正被靈之力所提昇著呢？還是被肉體的物質性力量所羈絆著？

戀情牌陣

　　各式各樣不同的牌陣，都是以不同形式呈現問題的方法。「戀情牌陣」是由國內占卜師Richard所發明，用來占卜感情問題非常實用，簡單好用是它的特色和優點。

牌4 未來
甲、乙兩人關係的
未來。

牌3 現狀
甲、乙兩人關係的
現狀。

牌1 甲方
甲看待這一段關係
的角度和心態。

牌2 乙方
乙看待這一段關係
的角度和心態。

解牌關鍵

　　1號位置的牌和2號位置的牌,顯現兩位當事人對這段關係的「主觀」看法。而3號位置的牌才代表實際「客觀」的情形。因此,當1號、2號與3號牌的觀點近似時,代表主、客觀的統一。但若1號或2號牌較負面,而3號牌與4號牌較正面,那麼1號或2號往往只是代表了當事人自以為是的看法,與事實並不甚相符。所以,請大家解牌時仔細比較這四張牌的異同。

哪些問題適合「戀情牌陣」?

　　「戀情牌陣」,顧名思義最適合於占卜兩人之間的戀愛關係。但在實際應用上,這個牌陣不僅限於男女之間的情愛關係,只要是任何感情形式的兩個人,都可以用此法占卜。例如:員工可以占卜和直屬上司的關係;姊姊可以占卜和妹妹之間的感情。發問的時候,別忘了默想「我要占卜和某人的關係」!

INFO ※ 避免不切實際的占問

戀情牌陣有一個限制,在於「對方對這段關係之看法」的2號牌。2號牌的準確度和兩人互動的密切程度成正比。因此,如果阿翔占卜和自己的偶像小甜甜布蘭妮的感情關係,將很難獲得準確的答案。因為互動性的不足,使得當事者只能得到自己主觀的想法而已。

大衛之星牌陣

　　「大衛之星」是歷史上的經典牌陣之一，又稱為「六芒星牌陣」。它僅以少數的六張牌，就能具體而微地從各個角度呈現出一個問題。我們可以從它創造的思考空間中，尋求有用的指引。

牌2 現在

現在的狀況，相當於時間之流牌陣中的「現在」。

牌4 原因

造成此事的原因，或是形成過去到現在情況的因素。

牌3 未來

未來的狀況，相當於時間之流牌陣中的「未來」。

牌5 環境

環繞現狀的外在影響，如他人之助力或阻力、大環境的利弊等等。

牌6 對策

達到3號未來所需要的對策。當事人能否接受3號牌所顯現的未來，將決定此對策的採納或棄置。

牌1 過去

過去的狀況，相當於時間之流牌陣中的「過去」。

解牌關鍵

　　解這個牌陣時，除了從時間向度（１、２、３）和力量向度（４、５、６）下手外，還可以注意１、４軸，２、５軸，以及３、６軸的互動關係。１、４軸和２、５軸是已造成的事實，３、６軸則是未發生的可變未來，切牌加上３、６軸，正是造命開運的關鍵所在。

哪些問題適合「大衛之星牌陣」？

　　「大衛之星牌陣」屬於多功能型的牌陣，它除了可以從時間向度來看問題，還能分析情況背後的原因和影響力，並提供採取對策的建議。因此，當我們想要較詳細地分析一個問題時，就可以考慮使用這個牌陣。

ＩNFO ☀ 運用不同的向度，深入解析

懂得反省自己的人，將會仔細檢視１、４軸，以便找出事情的成因和自己應負的責任。懂得審度時勢的人，將會明白推敲２、５軸的重要，以弄清楚自身的處境和資源。懂得變通之道的人，將會了解３、６軸對未來的影響，以便因時制宜、順勢變通來決定自己的未來。

多擇一牌陣

生活中經常面臨各式各樣的選擇題。大多數的占卜方法都採用一事一問的形式占算，而塔羅牌因為具有琳瑯滿目的牌陣可以呈現問題，所以能夠使用特定的牌陣，一占決多事。本篇最後一個介紹的牌陣，就是廣傳全世界的經典之作——「多擇一牌陣」。（本節以二擇一牌陣為例）

牌4
A選擇的結果
A選項的未來狀況。

牌2
A選擇的過程
A選項的過程或路徑。

牌1
現狀
代表當事人目前的
處境、狀況。

牌3
B選擇的過程
B選項的過程或路徑。

牌5
B選擇的結果
B選項的未來狀況。

解牌關鍵

使用「多擇一牌陣」，抽牌前必須清楚自己的A選項、B選項是什麼，而C選項又是什麼（如果有第三個選擇的話）。接著，還必須把過程牌和結果牌連成一段合理的故事，以闡述此選擇的未來變化。最後，還要懂得提供適當的建議，以改變某選項的未來。

當選擇增加的時候，每個選擇會多出兩張牌，同樣是排成分叉圖。請記得，先依序排完每個選項的「過程」，再排列每個選項的「結果」，其他依此類推。

哪些問題適合「多擇一牌陣」？

當我們面臨二個或二個以上的選擇時，就是採用「多擇一牌陣」的時機。通常在這種情形下，若使用其他的牌陣，常常得進行多次針對不同選項的占卜以求得解答。但是「多擇一牌陣」的使用，可以將多次的占卜合而為一。

INFO ✳ 眼前的吉凶並非定論

對人生擁有一定體悟的人將會明白，當下的吉凶並非真正的吉凶，而各種選擇也並非完全無法交集。懂得變通之道的智者，能在多擇一的選項當中，融合不同的選擇，創造山不轉路轉、路不轉人轉的奇蹟。

Reading Tarot

CHAPTER 5

塔羅的解牌技巧

我們學會牌義與牌陣之後，就可以開始進行占卜。想要忠實解讀牌陣的內容，除了仰賴基本牌義之外，還需要懂得一些適當的解牌技巧。

本篇將介紹「推演類」與「心易類」兩大解牌技巧，並以「推演類」為重點詳細解說之，使讀者能有系統地學會實用的解牌技巧，更順利地進行塔羅占卜。

本篇教你

推演類解牌技巧

在塔羅牌的解牌技巧中，「推演類」具有邏輯性、推理性、思考性、系統性……等特點，使得「推演類」解牌法成為塔羅解牌入門的好途徑。立志成為塔羅占卜高手的讀者，只要掌握其原則與思維，就能循序漸進，輕鬆解讀牌陣與牌義。

系統性的解牌方法能發揮強大的功效，從許多的線索當中提取精華，萃取成為切中核心的忠實解讀。

INFO ✳ **抽絲剝繭的入門解牌法**

什麼樣的解牌技巧可以稱之為「系統性」的呢？顧名思義，系統性的解牌技巧必須脈絡清楚、思路清晰而運用簡便。在經過了七十八張牌義的學習之後，接下來占卜者在解牌時，就擁有無數的線索與資料。

推演類解牌技巧有哪些？

為了方便讀者的學習，筆者把推演類解牌技巧區分為四種：「特徵法」、「關聯法」、「相應法」與「分合法」。這四種方法各有不同的應用特質，希望讀者在學習的時候，不要偏廢任何一部分。

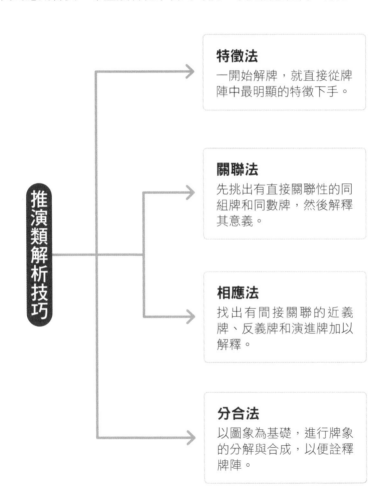

推演類解析技巧

特徵法
一開始解牌，就直接從牌陣中最明顯的特徵下手。

關聯法
先挑出有直接關聯性的同組牌和同數牌，然後解釋其意義。

相應法
找出有間接關聯的近義牌、反義牌和演進牌加以解釋。

分合法
以圖象為基礎，進行牌象的分解與合成，以便詮釋牌陣。

特徵法

　　顧名思義，「特徵法」是從占卜或牌陣的特徵入手。當一個牌陣攤開以後，特徵法能用最快的速度，以宏觀的視野找出這個牌陣當中最大的特點，然後以這個特徵為出發點，向外圍一一解析整個牌陣，最後完成全部的解讀。特徵法解牌時，必須掌握下列三項重要方法：

方法**1** 突顯牌

在占卜當中，出現一、二張特別突出的牌，而這兩張牌將會具有關鍵性的意義。「突顯牌」與牌陣當中的其他牌特別不一樣。舉例來說，一個六張牌的牌陣中有五張光明、積極的牌，卻獨獨有一張晦暗、阻滯的牌出現。這張牌就是突顯牌，解牌者可能需要仔細地分析它。同樣地，若這個牌陣中出現五張負面意義較大的牌，唯獨其中一張特別光明的牌，那麼這也屬於突顯牌。當然，單獨與其他牌屬不同牌組的牌也是。

聖杯八

寶劍六

權杖二

隱士牌
大牌九

寶劍八

戀人牌
大牌六

唯一代表希望、明亮的牌，為突顯牌。

方法2 全有牌

在一個牌陣中，所有的牌都具有某一類的特質，這即是「全有牌」。
例如全部是宮廷牌、全部是寶劍牌、或全部是灰黑背景的牌，這都是
明顯的特徵，值得我們深究，解牌的關鍵就在其中。例如這個「時間
之流牌陣」全部都是宮廷牌，就屬於「全有牌」。

錢幣侍從

寶劍國王

權杖國王

全部是宮廷牌，
為全有牌。

方法3 全無牌

當占卜問題所屬的那一類
牌，完全沒有出現時，這
就屬於「全無牌」。例
如，某人占卜工作問題，
牌陣中完全沒有代表工作
或酬勞的牌。這時，我們
應該探究原因為何？是
無心於工作？為了接近某
人？還是只為了興趣而工
作？或者是其他原因？
又或者如右邊的「戀情牌
陣」，完全沒有出現代表
感情的聖杯牌，這也是
「全無牌」。

女祭師
大牌二

戀情牌陣中沒
有代表感情的
聖杯牌，為全
無牌。

寶劍九

寶劍國王

錢幣二

關聯法

「關聯法」的技巧，就是查看牌陣當中是否有直接相關的牌。當牌陣當中出現有直接關聯的牌，這些牌會指出某種共通的意義。而從這些暗示性的意義當中，我們將能找出牌陣背後的另一層答案。牌與牌之間是否有關聯性，可以從下列的同組牌和同數牌兩種方式察看：

方法 1 同組牌

若把七十八張塔羅牌加以區分，我們將可以分別出五個牌組。二十二張的大阿爾克納為一組，十四張的權杖為一組，聖杯一組，寶劍一組，再加上錢幣一組。若占卜時，某個牌組的牌出現特別多，這就是所謂的「同組牌」，當中常有特殊的意義。例如這一個戀情牌陣，超過一半都是錢幣牌。這也許說明了這段關係中，「麵包」比愛情更具有舉足輕重的地位。

錢幣二

戀情牌陣中出現一半以上的錢幣牌，顯示物質層面的影響超過感情層面。

錢幣六

聖杯六

錢幣五

出現較多同一牌組的牌，稱為同組牌。

方法 2 同數牌

所謂「同數牌」，主要是指小阿爾克納中同編號的牌。一個牌陣中，同數牌只要出現兩張以上，就有其特殊意涵。另外要提醒的是，同位階的宮廷牌，也算是同數牌的一種。例如這個天地人牌陣，占卜結果同時出現三張騎士牌，這就是潛意識透過塔羅牌提醒「行動」的重要，因為騎士正是行動的代表。

聖杯騎士

權杖騎士

錢幣騎士

三張騎士牌代表行動的必須性及重要性。

牌陣中出現三張騎士牌，位階相同，屬於同數牌。

INFO — ✳ 同數牌的解牌技巧

應用同數牌的解牌技巧時，有幾種方式可供選擇。其中最常見的方法，是以同數牌的共通義做解釋。而專業的塔羅研究者，可能會採用該數字的「卡巴拉詮釋」或是「生命數字」解法。至於兼通西洋占星的塔羅牌專家，就可能如偉特本人一般，採用占星學的解釋法。

相應法

當牌陣中出現間接關聯的牌時，我們所採用的解牌技巧稱為「相應法」。何謂有間接關聯的牌？不同於直接關聯的同組牌、同數牌，間接關聯的牌著重在牌與牌之間的相應關係。筆者將之區分為「近義牌」、「反義牌」和「演進牌」。

方法 1 近義牌

在七十八張塔羅牌當中，許多牌都具有相近的意義。當這些牌同時出現（兩張以上）的時候，就稱為「近義牌」。近義牌直接強調了這些牌的相近義。就像「魔法師」與「力量」，當這兩張牌同時出現，不但強化了能量的流通、控制，更代表了溝通良好無礙的意涵。又如下面的戀情牌陣同時出現「戀人」與「聖杯二」，其戀愛的甜蜜可想而知。

錢幣王后

聖杯二

權杖ACE

戀人牌

聖杯二經常用來代表熱戀期，而戀人牌往往象徵一段戀愛。因此，這兩張牌在甜蜜戀情的意義上是相近的。

「特徵法、關聯法與相應法」這三種推演類解牌技巧，用在愈大的牌陣當中愈能顯現其威力，而在小牌陣當中則較無用武之地。

近義牌舉例

近義牌的配對有無數種，在這裡僅舉出其中六種：

近義主題	列舉
學習	魔法師、教宗、節制、聖杯Ace、聖杯侍從、錢幣八……
家庭	皇后、權杖四、聖杯六、聖杯十、錢幣十……
戀愛	皇后、戀人、聖杯Ace、聖杯二……
成功	戰車、太陽、世界、權杖六、聖杯九、寶劍Ace……
旅行	愚人、節制、世界、權杖Ace、權杖八、寶劍六……
悲傷	聖杯五、寶劍三、寶劍九、寶劍王后……

INFO　✳ 變化多端的「演進牌」

牌陣當中出現「演進牌」時，其解讀仍有許多的變化。由於很多牌陣具有時間性的排列，而演進牌出現在時間排列中，將會產生「順向演進」或「逆向演進」的變化，這對解讀而言，也會造成情況的順逆之別。

方法2 反義牌

既然有近義牌,當然就有「反義牌」。反義牌指的是某方面的牌義大致相反的牌。比方說,「權杖四」與「寶劍三」的出現,表示慶祝與傷心、歡樂與痛苦的對比。例如,當我們檢視個人的意識狀態時,「太陽」與「月亮」的同時出現,象徵的是外在與內在、顯意識與潛意識的對立。

太陽牌

月亮牌

節制牌

太陽代表外在的表現,月亮則代表內心的狀態。當兩個相反的層面獲得整合以後,就能達到節制牌的心靈成長效果。

太陽牌與月亮牌的牌義相反,為反義牌。

反義牌舉例

反義牌的配對有無數種,在這裡僅列舉兩種例子:

主牌牌義	相反牌義	與之相對的反義牌
戀人牌 戀情、祝福 光明、愉悅	失戀	聖杯五、寶劍三、寶劍王后……
	災難	塔、寶劍十、寶劍騎士……
	灰暗	隱士、吊人、死神、月亮……
	痛苦	寶劍八、寶劍九、錢幣五……
節制牌 謹言慎行、 溝通良好、 心靈進化	大膽行動	魔法師、太陽、權杖Ace、寶劍騎士……
	溝通不佳	皇帝、權杖五、權杖九、聖杯四……
	心靈停滯	惡魔、塔、聖杯五、寶劍八、錢幣四……

方法3 演進牌

「演進牌」的演進關係，有的直接以數字關聯顯現出來，有的則需要轉個彎思考一下。例如：牌陣當中同時出現連續編號的牌，其中就有明顯的演進關係。例如下面的牌陣同時出現四、五、六號牌，即暗示這段感情會因轉化而重生。而當太陽出現在寶劍十的未來時，往往暗示了寶劍十當中的曙光將演進成太陽，而有雨過天青的意象。

寶劍十圖象中的曙光，連結了太陽牌，使得兩張牌具有演進的關係。

寶劍十
牌2 現在

聖杯四
牌4 原因

太陽牌
牌3 未來

聖杯六
牌6 對策

聖杯五
牌1 過去

權杖Ace
牌5 環境

在牌陣中四、五、六連續編號的牌，具明顯的演進關係。暗示此段感情會因轉化而重生。

分合法

　　許多研究塔羅牌的專家都認為，「看圖說故事」是解讀塔羅牌的精神之一，圖象是塔羅牌非常重要的一環，而分解法和合成法解牌技巧的著力處，就是從塔羅牌圖象的變化切入。

方法1 圖象分解

當我們使用小牌陣、甚至單張牌來占卜的時候，如何從少少的幾張牌講出長長的故事？這就要借助「圖象分解」的解牌技巧了。所謂圖象分解就是有能力把一張牌看成很多張，從而擴大詮釋牌義。舉例來說，占卜結果出現偉特牌的死神牌，在運用圖象分解技巧時，死神牌不只是一張死神牌，我們至少可以把它分解出皇帝、教宗、皇后和太陽牌。甚至把它再分解成原來的十倍也可以。

分解關鍵牌

死神牌

❶ 太陽牌
對應死神牌中的曙光。

❸ 皇后牌
對應死神牌中的少女。

❷ 教宗牌
對應死神牌中的傳教士。

❹ 皇帝牌
對應死神牌中倒臥的國王。

方法2 圖象合成

「圖象合成」的技巧，是指可以把多張牌融合成一張牌的能力。使用大牌陣的時候，對圖象敏感度高的玩家，會注意到許多張牌的相似性與可融合性。譬如寶劍Ace當中那把完全直立的劍，就可以融入正義牌或是寶劍王后的手中；而錢幣六與兩張宮廷牌的同時出現，也能夠融合成一張更完整的圖象，詮釋出施者與受者的特質。而實際上，七十八張的任兩張牌，都能合成為一幅更細緻的圖案。如以下三張牌，便可藉由圖象合成的方式，把兩張人物牌融入錢幣六之中，彰顯出其中的角色特質。

合成關鍵牌

❶

聖杯騎士

緊臨錢幣六左邊，故可融入其左方的角色。

錢幣六

❷

寶劍侍從

緊臨錢幣六右邊，故可融入其右方的角色。

INFO ✳ 兼容並蓄，萬法歸一

牌陣當中的每一張牌，都可以是整個牌陣的全部牌，而全部的牌都可以是其中的任一張牌。就如同《易經》的家人卦，可以是鼎卦、解卦、未濟卦、既濟卦和睽卦。而損卦、恆卦、姤卦和小畜卦，其實都是咸卦。明白自己活在全像宇宙當中，我們就會恍然大悟：「原來每一張塔羅牌，都是七十八張的部分與全部。」

中西彙整，觸類旁通

　　「心易類」的解牌技巧是塔羅牌占卜的高段用法，也是所有卜術的最高境界，其原理來自於北宋五子邵康節的《梅花易數》，藉由「三要十應」的原則，以致虛守靜，體察身內身外之變。其功力與心性修為成正比，運用自如以後，可得機取數於飛花落葉之中，鑑吉別凶於言事悔吝之際。

　　當「三要十應」的原則融入生活以後，此即是邁向天人交感、互動的踏板。所謂「吉凶未來先有兆」，而心易法門正是有意識地覺察「兆」，聯結天地之心，接受宇宙訊息。

「心易類」解牌技巧與應用

　　要體會心易類的解牌原則，必須從「方法」和「身心狀態」兩方面下手。也就是說，一定要內外兼顧，才可能運用得當。

INFO ✳ 卜數的進階修習

這一小節是占卜功力更上一層樓的關鍵。在此摘錄《梅花易數》的一小段文章與讀者分享：「耳之於聽，目之於視，心之於思，三者為人一身之要，而萬物之理不出於視聽之外。占決之際，寂聞澄慮，靜觀萬物而聽其音知吉凶，見其形之善惡，察其理之禍福，皆可為占卜之驗。」

Point 1 三要

「三要」指的是耳、目、心三要。亦即藉由聽覺、視覺與感覺接收訊息。這些在占卜時刻所接收到的訊息，就是吉凶禍福之「兆」，也是來自於天地之間的觸機。

Point 2 十應

「十應」指的是天時、地理、人事、時令、方卦、動物、靜物、言語、聲音、五色、寫字之應。這些藉由各種形象、事物和方式所表達出來的現象，其背後都有代表性的訊息。而且這些周遭的變化可以反應在占卜的結果之上，並影響其吉凶。

Point 3 致虛守靜

懂得三要十應的心易法門還不夠，因為我們周遭環境的雜亂訊息必須被適當的過濾和接收，才能產生其意義。而這「適當的過濾和接收」所依賴的，即是空明的內心，以察照內外之變化。因此，老子所主張的「致虛守靜」，乃是順利應用心易法門的必備功夫。

心易類的解牌技巧屬於卜術進階的部分。初學者較難理解，必須循序漸進，方能領悟箇中奧秘。

The First Contact

CHAPTER 6
第一次塔羅占卜

在本篇當中，筆者將舉例詳細示範占卜的流程與情形，由淺入深，示範三個例子所使用的牌陣、解牌的方式以及論斷的方法，希望帶給讀者從初級、進階到高級的範例。

本篇教你

「時間之流」占卜實例

　　「時間之流牌陣」是以過去、現在、未來來呈現情勢的牌陣，也是初學者最常使用的陣形。依據排列形式的不同，此牌陣也有人稱之為「聖三角」，它具有容易上手、容易練習與容易解釋的特質。因此，一般具有時間流動性的問題，都可以使用此牌陣來占卜。

時間之流牌陣

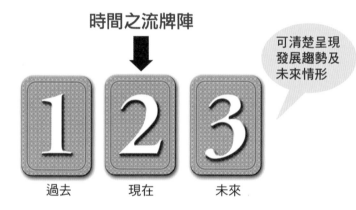

可清楚呈現
發展趨勢及
未來情形

過去　　　　現在　　　　未來

實例 1 小金近來意氣風發地接下社團領導人的重責大任，躊躇滿志的他迫不及待想知道社團的運勢，以便做好應對的方針。塔羅牌占卜的流程如下：

「時間之流」占卜步驟

1
提出明確問題

設定一個明確而清楚的問題，是塔羅占卜的第一步驟。小金想要了解社團發展的趨向，以及未來可能的情勢，他向占卜師清楚地提出問題：「社團將會如何發展？」

2

決定合適牌陣

占卜師明確理解了小金的問題之後，便從腦海當中搜索適合的牌陣。而「時間之流牌陣」正可以清楚呈現出發展趨勢與未來的情形，於是占卜師決定選擇時間之流牌陣做為此次占卜的主軸。

3

排成牌陣

決定好牌陣以後，占卜師便開始熟練地洗牌。洗完之後，將牌面朝下，攤開在已鋪好的黑色桌布上，請小金從中任意抽出「時間之流」牌陣所需的三張牌，占卜師再把這三張牌依序排列成時間之流的形式。

4

解讀牌義

接著，占卜師一張一張依序翻開，仔細地解釋每一張牌所代表的意義。

INFO ✳ 牌義解讀因人而異

如果讀者自己的解讀與筆者不同時，不需要感到沮喪。因為，同一個牌陣可以因為不同人的不同角度，而有不同的詮釋方式，而這些不同的詮釋是可能並存且同時準確的。

key**1** 掌握牌義

小金抽出的三張牌中有五個鮮明的角色：魔鬼、亞當、夏娃、愚人、孩童。

帶有欲望與控制意涵的惡魔以逆位置的形式呈現，顯示社團在經歷一場改朝換代的權力轉移之後，已逐漸回復了平靜與理智。此外，曾有的束縛與陰暗，也隨著由逆轉正的五芒星而逐漸恢復當中。

三張都是大牌

1.過去
魔鬼　逆位

2.現在
愚人　正位

3.未來
太陽　逆位

飄泊的旅人顯示社團仍有些微變動不安的因素。但愚人樂觀中的自信，傳達出小金能夠一無所懼地帶領團隊往前走。這種隨遇而安的心情，正是社團當前處境的最佳描述。然而，愚人缺乏計畫的行動，卻是應該注意改善的地方。

太陽的閃亮與光明，暗示著社團積極活潑的未來。但逆位置的呈現，卻表現出順境當中難免有的小挫折。即便如此，只要保持正面、樂觀的思維方式，並落實思想中的計畫，就能將逆位的消微力量，即所有的困難轉化成為進步的推力。

key2 解牌關鍵

在每次的解牌當中，都有所謂的關鍵點。這些關鍵點常是牌陣的特徵、特色或值得深思的地方。找出正確的關鍵之處下手，就能游刃有餘地釐清問題的癥結，並給予適當的建議。

同組牌的出現

在這次的占卜中都出現同一組牌「大阿爾克納」，這其中就有特殊的意義在。大牌是精神性與抽象性的代表，提醒小金在為社團編織美夢的同時，千萬不可陷於空想，而忽略了腳踏實地的作為。此外，在整副牌中具有關鍵性地位的大牌，也暗示了社團正處於提昇與沈淪的關鍵期，將來社團的興衰，都看當今領導團隊的表現了。

找出對應的當事人

在這三張牌當中，出現了五個鮮明的角色。圖象中的某些人物，往往就是當事人的具體化身。小金在這個占卜中，顯現了對社團未來的熱情與憧憬，但在談到實際方針之際，卻顯露出他在整體規畫上的欠缺與陌生。這樣的現象呼應愚人牌的特質，也讓占卜師明白這位拿著小白花的愚人，正是站在眼前的當事者。因此，對於愚人性格的描述，字字句句敲進小金的心坎裡。

key3 提供建議

以這三張牌的進展來看，這次占卜指向的未來頗為正面。然而，缺乏宏觀的視野與縝密的計畫，卻是愚人牌顯而易見的缺點。因此，面對雄心萬丈、渴望成功的小金，提醒他計畫與務實的重要，正能提供他最適切的建言與指引。

「戀情牌陣」占卜實例

對於兩人的感情關係而言，「戀情牌陣」可說是一個簡易實用的占卜選擇。

戀情牌陣

無論是占算感情未來發展或做感情分析，均可利用戀情牌陣。

4 未來

3 現狀

1 甲方看關係　　**2** 乙方看關係

實例 ② 阿倫的心中一直傾慕著同班的女生小菲，小菲雖也欣賞阿倫的才氣，但對於情深義重的男友更是難以割捨，因此兩人心中的情愫只能成為永遠的心事。大學生涯轉眼消逝，驪歌聲即將響起，阿倫帶著滿腔的愁思，希望藉由塔羅占卜來找尋那份也許不曾存在的答案。塔羅牌占卜的流程如右：

在實際的占卜上，切牌主要是用來顯現當事人對此次占卜的心態。因此，它並不需要隨著其他的牌一同展開在桌面上，占卜師只要將之記在心中即可。

「戀情牌陣」占卜步驟

1
提出明確問題

提出一個清楚明確的問題，一直是塔羅占卜的首要之務。阿倫向占卜師陳述情況之後，告訴占卜師：「我想知道與小菲之間的感情關係和未來。」

2
決定合適牌陣

對占卜師而言，阿倫的案例是占卜兩人感情關係的標準問題。無論是阿倫想知道的感情分析或未來發展，戀情牌陣都能提供清楚的解答。所以，占卜師決定使用戀情牌陣來進行此次的占卜。

3
排成牌陣

確定牌陣之後，占卜師開始迅速地洗牌，然後把牌面朝下，整疊放在桌布上，請阿倫切一次牌。占卜師看了切牌一眼，便將整疊牌攤開在已鋪好的桌布上，請阿倫任意抽出戀情牌陣所需的四張牌，占卜師再把這四張牌依序排成了戀情牌陣。

4
解讀牌義

接著，占卜師一張一張依序將戀情牌陣翻開，同時進行牌陣的解讀。

key1 掌握牌義

此張為切牌，顯示當事人對此次占卜的心態。

寶劍十出現在此，代表當事人對這次占卜所抱持的心態。一個孤獨而飽受痛苦的人，沉默地躺在沙灘上。這幅景象精確地描述了阿倫在這段關係當中承受的痛苦。而圖象中的曙光代表「痛苦後的改變」，也透露出阿倫內心仍期盼著那微弱的希望。

心態
寶劍十逆位

寶劍五的爭鬥中，勝者一而敗者二。逆位的圖象，正好強調了失敗離去的兩人。由此可見阿倫與小菲之間，並不存在著勝利者，在一段兩個都是輸家的關係中，落寞與悲傷是必然的產物，而這正是兩人關係目前的寫照。

寶劍二是苦戀、悲戀的最佳代表，身穿白衣的主角辛苦支撐著沉重的寶劍，就如阿倫長期背負著這段剪不斷、理還亂的感情關係。雙眼被矇住表示看不到這段關係的未來，阿倫心中的沉鬱與悲觀，清楚地藉著寶劍二顯露出來。

4. 未來
戰車 正位

戰車中的戰士以堅定的眼神與無比的意志，駕馭著內在的獸性，使一黑一白的獅身人面獸臣服在意志之下。這象徵著未來阿倫終能以理性的角度看待這段不可能的戀情，而達到精神上的統一。至於理性與務實的態度，則將為這無法生根的感情帶來心靈上的平靜。

3. 現狀
寶劍五逆位

這段不能開始、也無所謂結束的關係，在小菲的眼中就像是浪跡天涯的流浪者一般，永無落腳的一天。但四處流浪的愚人，至少還能自由地追尋心中理想，而逆位的愚人，卻只能剩下那飄泊的滄桑。

1. 阿倫看關係
寶劍二正位

2. 小菲看關係
愚人 逆位

173

key2 解牌關鍵

同組牌的運用

在這個牌陣與切牌當中，五張牌只出現兩個牌組：分別是三張寶劍與兩張大牌，前者是思維，後者是精神。五張牌全非具體踏實之牌，可見兩人之間缺乏實際的互動與溝通，而阿倫也承認兩人已有幾個月不曾交談，所有的思念和壓抑，都是以精神的形式呈現。此外，三張具有傷害性的寶劍牌，也清楚地指出阿倫對此事的牽掛與痛楚。

兩張大牌

三張寶劍牌

現狀與未來

代表現狀的逆位寶劍五，提醒阿倫尚未學會其前位牌寶劍四的課題，寶劍四中沉靜休息的騎士，正是阿倫當前所需要體驗的狀態。而代表凱旋的戰車出現在未來，卻不能為這段關係吹響幸福的號角。因為純真的戀情並不是一場戰爭，也不是力量的爭奪。一段陷入控制遊戲當中的關係是可悲的，這當中將不會有所謂的贏家。基於這個理由，戰車牌在此並不以勝利為詮釋。

未來

現狀

三角關係

無論是寶劍二當中的一人持二劍、寶劍五裡的三人劍決或是戰車牌中的一人二獅,其中都顯示出「三角關係」的共通意涵。當這些牌只是單獨出現時,這樣的意思並不算明顯,但若它們是兩、三張以上同時出現,則可能性就大幅提高了。

顯示出「三角關係」的共通意涵。

key3 提供建議

在針對這段苦戀的占卜中,代表傷害的寶劍牌以超過一半的比例出現,而象徵愛情的聖杯牌與其他幸福美滿的牌卻完全不見蹤影,可見這段感情的未來並不樂觀。再加上阿倫以寶劍二的方式看待這段關係,雙眼被矇住的他又怎能清晰地判斷情勢呢?因此,進、退之道,正是阿倫當前需要學習的。慢慢地退出這樣的糾纏與牽掛,待理智與意志重回己身之時,阿倫就能有力地掌握自己的人生,並發現過往所有的經驗與回憶,從來都不會是白費的。

INFO ✳ 保持客觀的心態

建議的給予,必須參考當事人的價值觀,而非占卜師強加自身的價值觀到對方身上。一般而言,每個人的價值觀都多少有些差異,幸福對每個人而言,也有不同的內涵。所以,除非當事者的價值觀出現了明顯的偏差,否則占卜師都應該盡量以對方的觀點給予他所需要的建議,而非直接套用自己的價值框架。

「身心靈牌陣」占卜實例

人的一生不斷追求著提昇與進化。心靈的成長對於懂得實踐生命的人而言,是最重要的一件事;即使是對此全無概念的人,也會希望在人生迷惘的時刻,能有一盞明燈指引迷津。「身心靈牌陣」正是用來檢測生命各個層面、找出問題並尋求進化的好工具。

身心靈牌陣

可檢測生命各個層面,找出問題、尋求答案。

靈

身

心

實例③ 昇哥是台北某名校的大學生,英俊冷漠而思想敏銳是他給朋友們的第一印象。除了上課當學生以外,他還擁有幾份待遇不差的家教工作。昇哥雖然擁有令人稱羨的條件,但在這新學期的開始,他卻感到生活不再踏實,人生不斷地產生迷惑。對此時的他而言,身心靈牌陣正是他所需要的救贖。塔羅占卜流程如右。

身心靈牌陣可以用一針見血的方式,整合問卜者當時的整體狀況,釐清紛亂的思緒,面對不可知的未來,找出可行之路。

「身心靈牌陣」占卜步驟

1
提出明確問題

對於一個迷惘、困惑卻又不知問題何在的人而言，非常適合使用整體性的牌陣剖析自身情況。而針對整體概略性的占卜，昇哥明確地提出他的問題：「我想檢驗自己的整體狀態，以查出內心紛擾的癥結。」

2
決定合適牌陣

占卜師在聽了昇哥的疑問以後，心中浮現了「身心靈」與「四元素」兩個牌陣。正當占卜師要從兩牌陣擇其一的時候，昇哥眼中慣有的脫俗神采吸引了他的注意。此時占卜師已明白，唯有使用視野最宏觀的牌陣，才有可能滿足昇哥對真相的渴求，身心靈牌陣正是當下的不二選擇。

3
排成牌陣

決定使用身心靈牌陣以後，占卜師便開始緩緩地洗牌，然後把牌面朝下整副放好請昇哥切牌。占卜師看了切牌一眼以後，便攤開所有的牌成一個圓弧形，請昇哥從中任意抽取三張身心靈牌陣所需的牌數。然後，占卜師把這三張牌依序排成了身、心、靈。

4
解讀牌義

接下來，占卜師一張一張依序開啟身心靈牌陣，並進行解讀。

177

key **1** 掌握牌義

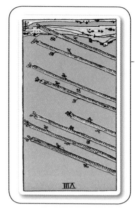

3. 靈
權杖八逆位

此張為切牌，顯
示當事人對此次
占卜的心態。

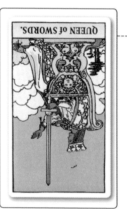

心態
寶劍王后 逆位

1. 身
教宗 逆位

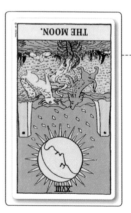

2. 心
月亮 逆位

原本向著人生目標快速前行的權杖八，由於逆位置的影響而失去了秩序與節奏。穩健乘風而行的權杖，也不再擁有踏實的根基。昇哥一向清楚自己的道路，人生的旅途上也不間斷地吸收知識與智慧。但「靈」位置所出現的逆位權杖八，卻一針見血地道出他的弱點：「學不能以致用」。昇哥廣博的學識非同輩所能及，但能夠落實在生活上的卻很少，學多而用少，正是他停滯不前的主因。

逆位的寶劍王后，顯示出昇哥自知現在的判斷力與決斷力較以往來得差，雖然他明白這只是暫時的現象，卻也讓他失去不少安全感。除此之外，寶劍王后對情感問題的困擾，也因月亮牌的出現而被證實。

月亮牌所帶來的情緒困擾，絲毫不因逆位置而減弱。相反地，由於一狼一狗的突顯，而揭露了昇哥內在的動物本能。原來，隨著新學期的展開，校園與課堂上隨處可見的年輕學妹，觸發了他內在追尋異性的欲望，但心中對女友的感情與責任，阻止了他實際獵豔的行為。潛意識當中的人性與獸性之戰，表現為令人不知原因的情緒低落。

教宗對於心靈與人生哲學的嚮往，因為逆位置的限制而沉潛。至於注重外在世界的金鑰，則因位置的上升而被顯化，所以星象上的金牛特質在此獲得了較多的發揮。而昇哥原有的射手特質，也因致力於金錢的賺取而隱微。平時常提供朋友建議與幫助的他，在這個時期卻受到金錢與物質的驅使。

179

key**2** 解牌關鍵

全逆牌

身心靈牌陣就像是一個生命整體的縮影,而一個全部逆位的牌陣,就象徵了生命能量的阻滯與不通。昇哥對照自己近來精神、情緒與心態上的不暢快,證實了全逆牌的暗示。

因逆位
失去根基

代表思維

四牌意象的交集

這次占卜出現的四張牌,除了逆位置之外還存在著其他共通點。教宗與月亮這兩張大牌是屬於抽象精神的牌組,寶劍王后則屬於重思維的一類,至於權杖八裡在空中飛行的八根權杖則因逆位置而失去了地面的根基。這四者的共同交集,都呼應了權杖八逆位在「靈」這一位置的詮釋。

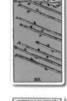

寶劍王后與月亮

寶劍王后通常是一張思索感情或男女關係的牌,但其他三張牌並無聖杯牌或其他明顯戀情牌的出現,再加上逆位月亮牌強調了其動物性的層面,兩相比較之下,可知寶劍王后思索的主題不是女友,而是其他尚無感情關係的異性。這兩張牌的對應,也更進一步地幫助我們看清牌陣的全貌。

逆位回正的可能

逆位並不經常是相反於正位的意思，它往往只是代表了能量的衰減，意即正位置義的隱藏或減弱。正位的寶劍王后具有清晰的判斷力，教宗則擁有引導他人的智慧，權杖八能夠清楚自由地表達，這些都是昇哥所具備的能量，只是逆位暫時隱藏了這些特質，但當能量提昇的時候，這三張牌的原始能量就足以證明昇哥具備治癒自己的能力。

逆位牌往往只是代表能量的衰減，這三張逆牌表示昇哥原有的特質暫時隱藏。

key3 提供建議

1. 身心靈牌陣呈現昇哥情緒困擾的原因以後，隨著深層因素的發掘，他也一步一步獲得了治癒。最後，針對近來眾多異性對他的吸引和影響，他下了一個簡短的評語：「這不是我要的。」情境依然存在，但昇哥只是簡單地移開視線，心境卻已完全不同。

2. 牌面圖象上的映照，讓昇哥記起了自己內在的智慧。占卜師引用了《與神對話》當中的一句話：「真理就在你的舌尖上」。昇哥輕鬆地笑了，然後指著自己的腦袋說：「因為答案本來就在我們的身上。」就在此時，占卜師彷彿看到逆位的教宗回復了端正的坐姿，而權杖八也重新以正位的方式展現昇哥的睿智。

3. 在結尾的時候，占卜師提到了逆位教宗產生的金牛難題，以及學以致用的不足，然後指著昇哥說：「我想，你已經有答案了。」昇哥淡淡地說道：「人生就像是一場戲，只是開演以後，我們往往忘了演戲背後的目的，反而執著在劇情的枝枝節節上。謝謝你的占卜，讓我走在當下的此刻，能夠提醒自己不要忘記那最終的目的。」

181

Be a Tarot Master

CHAPTER 7

成為一位德術兼備
的塔羅占卜師

　　學會了塔羅牌的各種基礎必備知識以後，各位讀者就可以學習成為一位德術兼備的塔羅占卜師。無論專職或業餘，有些觀念和技巧，是每位學塔羅的人必須知道的。本篇將一步一步引導讀者明白這些要素。

本篇教你

✪ 優秀塔羅占卜師的條件

✪ 塔羅占卜師的道德準則

✪ 塔羅占卜師的諮詢技巧

如何成為優秀的塔羅占卜師？

任何學科都沒有天生的大師，「萬丈高樓平地起」，學習塔羅牌也是一樣。每個塔羅高手都是從懵懂的階段，漸漸邁入更高境界。優秀的塔羅占卜師是需要一些條件的。他必須清楚正確地解讀塔羅牌的訊息，讓問卜者從中獲得幫助。塔羅占卜師修習的進程，有許多階段是共通的，如果我們能明白如何提昇塔羅功力，就可以清楚自己的程度以及可能遇到的難題，也能幫助我們在尋求占卜服務時，保護自己的權益。

優秀塔羅占卜師必備條件

Point 1 正確流暢地解讀塔羅牌

流暢地解讀塔羅牌，是一位正式占卜師所應具備的基本功。解讀的正確與否，對外行人而言並不是那麼容易分辨。但解牌是否流暢，則是大家都能感受到的。倘若一位占卜者在解牌的時候，還需要翻書查看牌義，那麼他對塔羅的熟練度與占卜經驗恐怕不太足夠。正確且順暢地解讀塔羅牌，是塔羅占卜師對牌義理解與熟稔的證明。

INFO ✳ **塔羅占卜師的認證機構**

無論在國外或國內，都還沒有一個完全獲得各界公認的塔羅占卜師認證方式。但歐洲和美國有一些團體正朝著這個理想前進，其中最著名的莫過於美國塔羅協會（American Tarot Association，簡稱ATA）。在ATA當中有整套的塔羅牌函授課程、占卜師培訓流程與占卜執業指引，可說是一個很有希望建立塔羅占卜師認證規範的組織。

Point 2　清楚和悅的表達

優秀的占卜師在解讀占算結果的過程中，應該清楚表達塔羅牌呈現的訊息與情況，再為當事人抽絲剝繭、釐清問題，並且以和顏悅色的態度對待問卜者，以同理心與對方溝通，這些都是優良占卜師的重要特質。相反地，語出恫嚇，製造當事人的恐懼，企圖從中謀利，此類論命者都不是稱職的占卜師，讀者應該特別小心。

Point 3　道德規範和準則

進行塔羅占卜就像從事其他行業一樣，都有一定的道德規範。一個有職業道德的占卜者，必然會遵守一些規範和準則，有的規則是一般的慣例，有的屬於個人的特殊習慣。例如，嚴格保密客戶的占問內容，就是基本的道德義務。總之，太過隨興沒原則的占卜師，是我們應該避開的對象。而道德規範的具備，永遠是塔羅占卜最重要的條件。

Point 4　中肯有效的建議

占卜師應該牢記，「準確度只是基本的要求」，真正重要的是牌陣解讀之後，能否提供當事人中肯有效的建議。占卜者的職責不只是解讀牌面呈現出來的吉凶現象，更重要的是詮釋出解決困境的關鍵。能夠技巧性地提出有智慧的建議，決定了占卜服務的最終品質。

INFO　✳ 有關未來的預測

學習任何命理占卜學的人，都應該有個清楚的觀念，即「未來的可變性」。塔羅牌所預言的未來，指的是求問者當時的心境狀態之下所選擇邁向的未來。然而，「未來」充滿無限的可能性，目前的預測只是未來各種走向的其中之一。如果塔羅牌呈現的那個未來並不是你想要的，那就改變自己的心態和做法。記住，對於未來，你可以有不一樣的選擇！

塔羅占卜師的道德準則

塔羅占卜就像其他行業一樣，也有一定的倫理規範，也就是所謂的道德準則。古今中外，無論是中國古代《易經》卜筮的耆老宿儒，或是當今的「美國塔羅協會」（American Tarot Association，簡稱ATA），全部都遵循一定的占卜道德，以維持這份工作的神聖性。塔羅占卜師的道德準則也適用於其他種類的占卜上，在此將之區分為四大準則來介紹。

占卜師的重要準則

準則**1** 占卜之前

自由意志是每個人的寶貴資產，在能夠清楚做出決定的情況下，占卜其實不見得必要。因此，占卜師不應該主動找人占卜，此即是「不邀筮」的原則。若真有需要占卜的情況，請確定自己的身心狀況大致正常，在適合占卜的情形下進行。並且，雙方都不能抱著遊戲心態進行占卜，此為「不戲卜」。占卜服務如果需酌收費用，必得事先向對方說明，絕不能事後才要求報酬。

準則**2** 占卜心態

占卜師應該抱著無私的心態，摒除一切自身利益的考量，以對方的角度設想。占卜師應該明白每個人的人生價值觀皆不同，不同的價值觀未必有高下之別，占卜師不應該強加自身的價值觀到對方身上。整體而言，占卜師要以當事人的成長和利益為依歸。

準則3 占卜分析

在塔羅牌的分析中，占卜師應該盡量忠誠地解讀，再配合對方較能接受的言語，適當地表達。此外，對於塔羅牌所呈現出來的凶象（困境），占卜師應該提出相對應的解決之道，否則就不要輕易說出口，以免徒增對方的心理負擔。唯有帶給人們信心和希望，才能讓塔羅占卜發揮真正的價值。

準則4 占卜之後

占卜結束之後，保密占卜內容是最基本的道德義務，即使將來有必要提出例子，也必須以不洩露當事人身分的方式（如化名）來舉例。而對於該次的占卜，除非占算過程發生明確的錯誤或有無法解讀的情形，否則就應該信任首次占卜的結果，此為「不疑卜」的原則。

優秀的塔羅占卜師有什麼特質？

優秀的占卜師是一個心靈層次高的人，他擁有自己完整的人生哲學，發之於外是一種澄澈的「智慧」。他的心境寧靜，氣質和諧，不會讓問卜者感到煩躁不安。當你面對占卜師時，閉上雙眼，如果感受到一種深沉的平安，這就是你的潛意識對這位占卜師的肯定。

INFO ✳ 道德準則的重要

塔羅牌與許多的命理或占卜技術一樣，是威力強大的兩面刃。運用得當，可以提供指引、改善人生，甚至提昇心靈的層次。反之，塔羅牌若被誤用，也會造成心理創傷、或影響命運的品質。而這其中的關鍵之處，往往就在占卜師是否遵守「道德準則」，讀者對此千萬不可輕忽。

塔羅占卜師的諮詢技巧

　　對一位占卜師而言，即使擁有再厲害的解牌技巧，若欠缺良好溝通的能力，也是枉然。這就像一個才氣洋溢的畫家卻沒有畫筆，再好的才華也表現不出來。因此，培養一定程度的諮詢互動能力，是成為稱職占卜師的必備條件。

占卜諮詢的技巧

技巧 1 判斷問卜者類型

所謂「一樣米養百樣人」，每個人的性格、想法都不盡相同。因此，占卜師可能遇到的諮詢對象，也有許許多多不同的類型。而不同類型的人，就會面臨不同的困難與課題。唯有快速判斷問卜者的特質，我們才能以最有效的方式找出對方的困難，再根據其價值觀提供適當的建議。所以，正確而有效地判斷一個人，是占卜諮詢的重要技巧。而在這種情形下，累積識人的經驗，甚至擁有人相學的基礎，將是成為卓越占卜師的一大助力。

技巧 2 正確釐清問題關鍵

在占卜當中，正確而清楚地找出當事人問題的關鍵，是一件非常重要的工作。要做好這一步，就必須能夠快速聯結當事人所提供的訊息與塔羅牌所呈現的圖象，再依此推敲出答案來。此外，占卜師必須明白塔羅牌的極限，才不會做出踰越能力範圍的判斷。同時懂得多種命理術數的占卜師，此時更能利用全面的角度，從多方面輔助釐清問題的癥結。

技巧3 因時制宜的溝通技巧

針對不同對象所進行的占卜諮詢，也需要不同的溝通技巧。因為每個人的智慧、想法都有所差異，適合與某甲溝通的方式未必適合某乙，所以必須因對象而調整互動方式。通常較高段的占卜師會懂得「階梯式引導」的技巧，也就是使用與當事人同層次的語言，但稍高一階的思想觀念來與之溝通，這樣既能兼顧對方的理解能力，又可以同時引導對方思維的提昇，可說是相當不錯的溝通方式。

技巧4 修養智慧幫助對方

無論我們使用那一種方式剖析問題和預測未來，最終還是要回到最重要的部分——提供對方指引和幫助。只要具備足夠的解牌技巧和能力，占卜師就能解讀占事的吉凶情形，並提供一般選擇的建議。不過，一位具有高度人生智慧的優秀占卜師，還能更進一步超脫世俗的吉凶得失，引導當事人進入宏觀的視野，引導他對人生進行哲學性的思考。要達到這樣的境界，「智慧」將是最終的關鍵。

INFO ✳ 占卜師的靈活變通能力

在經過長期的經驗累積之後，每個占卜師都會形成自己的一套諮詢方式。但任何被定型的方法，都不可能同時適合全部的人。因此，為自己的占卜諮詢模式保留一點彈性空間，將是容許變通、以適應環境潮流的主因。

Efforts to Upgrade Reading Tarot

CHAPTER **8**

塔羅牌的進階研習

塔羅牌的領域浩瀚廣大，功力深者見其深，而淺者見其淺；塔羅牌對潛意識的忠實反應，使得心志正者用其正，而偏者用其偏。因此，健康正面的觀念，是學習塔羅的第一步。而鑽研日久之後，相關學科與進階學問的追尋，將會開啟塔羅牌更開闊的高深領域。

本篇教你

✪ 塔羅日記的使用

✪ 塔羅學識的進修

✪ 塔羅牌技的鑽研

✪ 塔羅牌道的探尋

塔羅日記

　　塔羅日記是一種被全世界塔羅專家廣為運用的學習法，其英文名稱各家或有不同，有的稱之為「Today's Card」，有的則稱之為「A Card A Day」。它可以讓塔羅與我們的生活相結合，讓我們的塔羅牌功力在不知不覺中提升，而且給了我們從另一個角度看自己的機會。塔羅日記不僅能藉由每天的抽牌，獲得日常生活與塔羅牌之間的對應，還能讓我們在日後從宏觀的角度回顧自己的生活。

塔羅日記流程圖

1 睡前洗牌

每天晚上睡前，先把牌混合均勻（不需使用有逆位置的洗牌法），充分洗牌以後，把整副牌（建議用薄布包著）牌面向下放在臥床附近，以不會被壓到、碰壞為原則。

2 睡醒切牌

起床以後，立即進行「切牌」。然後把切牌放到這副牌最下方。此時可先看切牌是哪一張，也可留待晚上做記錄時再看。

> 塔羅日記通常不使用逆位置，因此洗牌的時候就不需使用逆位置的洗法。

3
觀牌回想

在就寢前約一個小時內（大概原則）仔細檢視今天切到的那張塔羅日記牌。回想這張牌與今天發生的一切有何相應處？它所代表的可能是當事人今天的情境、思維或課題，也可能是周遭其他人事物的情境，而為當事人所看到、聽到的。

4
記錄日記

當我們從今天生活的回想中找到了日記牌的對應後，塔羅與生活的聯結就更加密切了。此時，別忘了把自己的連結與心得，記錄在一本日記簿上。記錄的時候，請依據五大牌組之別（大阿爾克納、權杖、聖杯、寶劍和錢幣），採用不同的顏色筆寫日記，以強化未來回顧的效果。

早上切牌之後，要不要立即看牌呢？

在早上起床的切牌以後，要不要立刻開牌來看視個人的選擇而定。但一般人對所謂的「壞牌」，往往會有擔憂煩惱的傾向。為了避免杞人憂天以及自我實踐諾言的情形產生，筆者建議到了晚上要檢討的時候再打開來看。

STORY 高中老師伊旺在睡醒時切牌見到了「死神」，這張帶著負面意涵的牌讓伊旺擔憂一整天。平安無事的一天過去了，納悶的伊旺在塔羅日記的檢討中，猛然想起下午上課時，那隻躺在講檯下面的鼠屍。謎底揭曉了！原來這隻老鼠就是今日「死神」的對應。

塔羅學識之進修

　　塔羅牌是一門綜合的學問。在十九世紀末英國的「金色曙光」協會當中，幾位西洋神祕學的專家級人物，把卡巴拉生命樹、西洋占星、象徵學、神話學、數字學、心理學、顏色學、宗教學，甚至是中國的易經等等，都融進了塔羅牌當中。這使得塔羅牌成為一種幾乎銜接所有西方神祕學的學科，而且也含藏著連繫東方玄學的門徑。

如何進修塔羅學識？

　　塔羅牌這門學問擁有相當廣大的範疇，所以要研究得精深，非得旁通多樣神祕學不可。但如果只是追求單純的應用，功力高者可以運用十八般武藝，如占星、易經、神話、卡巴拉等；所學較窄者若能用得純熟，也能單憑一家絕學闖江湖，勝任占卜應用的任務，但要盡窺塔羅學術的浩瀚之域，卻難免力不從心。

︙NFO ✳ 「數字學」與塔羅之間的關係

自從數學家畢達哥拉斯提出宇宙由數字所構成的主張以後，人們就把愈來愈多的注意力放在數字對宇宙、國家、人類的影響上，而這套數字命運理論，即稱為「數字學」、「生命數字」或是「通神加算」。近代許多知名的塔羅牌即融合了數字學的內容在其中，強化了塔羅牌的深度。

❶
專注於塔羅基礎功

❷
一家絕學闖江湖

❸
觸類旁通

進修塔羅的各種門道

Point 1 專注於塔羅基礎功

對玩票性質的人而言，除非擁有高度的興趣，否則難以投注大量的心力在一門學科當中。因此，若以時間效益來看，提昇塔羅功力最直接有效的方法，就是暫時把塔羅牌自龐大的西方神祕學體系中割離出來，把注意力集中在鑽研塔羅牌義、牌陣、解牌技巧以及提供建議的能力上。

Point 2 一家絕學闖江湖

所謂「一家絕學闖江湖」，指的是專精使用塔羅牌的其中一種相關學科。舉例而言，一位深研希臘羅馬神話故事的文學家，可以憑藉其對於神話內涵的高度了解，而在塔羅占卜當中完全以對應的神話情節進行解讀；如此方式也常能獲得令人驚異的效果，是因為來自潛意識的訊息，往往會以當事人所熟悉的方式顯現。

Point 3 觸類旁通

如果說整個神祕學體系像是一棵大樹，那麼塔羅牌就是其中一片樹葉。一個鑽研這片樹葉的人，或許能夠詳述這葉子的細節，但對於樹葉本質的理解卻不免顯得力有未逮。相對地，一個同時也研究占星學、神話學、數字學等學科的人，卻可以明白塔羅牌中更深層的意涵與象徵，這不只深化了對塔羅牌的體會，更有可能更進一步瞥見神祕學體系的輪廓。而神祕學大樹的本質，就是「生命的能量」。

西洋占星

占星術在神祕學領域當中是不可或缺的要角。因為，從天文星象來推演世間人事之變化，在人類歷史中已是源遠流長。而在西方神祕學領域裡，占星術一直是普受重視與關注的學科。因此，神祕學的新秀塔羅牌出現以後，當然也避免不了受到占星的影響與淬煉。

托特塔羅牌的聖杯四

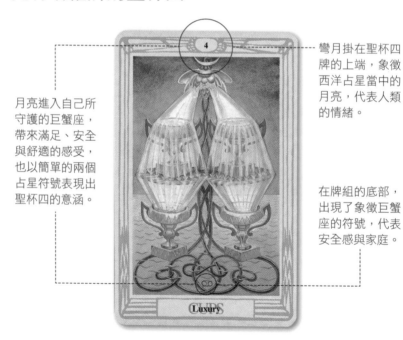

月亮進入自己所守護的巨蟹座，帶來滿足、安全與舒適的感受，也以簡單的兩個占星符號表現出聖杯四的意涵。

彎月掛在聖杯四牌的上端，象徵西洋占星當中的月亮，代表人類的情緒。

在牌組的底部，出現了象徵巨蟹座的符號，代表安全感與家庭。

「金色曙光協會」拉近塔羅與占星的距離

　　塔羅受到占星的影響由來已久，而「金色曙光協會」的出現更是起了推波助瀾的效果。該協會的成員通常是多種神祕學兼修的高手，所以在學科與學科之間的融合上，更具實力與企圖心。而經過「金色曙光協會」幾位名家的努力後，塔羅牌與占星之間產生了比以往更強烈的連結與對應，使塔羅牌的運用顯得更加靈活多變。

　　托特牌（Thoth）與西洋占星之對應更加強烈且直接。可惜它蘊藏太過豐富的神祕學元素，使初學者的入門學習變得頗有難度。但對於占星高手而言，藉由托特牌卻能讓占星解牌法更加便利。

塔羅牌與占星的對應

除了直接明顯的圖象之外，塔羅與占星也擁有整套系統的對應。但塔羅名家們對於塔羅與占星對應所提出的見解，卻各有巧妙不同。如二十二張大阿爾克納對應於十星（或七政三元素）、十二星座，各家排列未必相同，其差異處則是研究的重心之一。至於五十六張小阿爾克納牌對應占星的季節、星座與區間，則使得塔羅牌的占星時間測算法成為可能。這也是塔羅進階者應當研習的方向之一。

☼ 塔羅牌與占星的對應關係

大牌	占星對應		大牌	占星對應
愚人	風		正義	天秤
魔法師	水星		吊人	水
女祭司	月亮		死神	天蠍
皇后	金星		節制	人馬
皇帝	白羊		惡魔	摩羯
教宗	金牛		塔	火星
戀人	雙子		星星	寶瓶
戰車	巨蟹		月亮	雙魚
力量	獅子		太陽	太陽
隱士	處女		審判	火
命輪	木星		世界	土星

塔羅占卜中的占星解法

占星在塔羅牌當中的運用千變萬化，不必太過畫地自限。初學者可以嘗試以下的重點指引，例如牌面上的占星圖騰與對應，可用來推測某人的特質；每張牌在黃道十二宮所占的區域，可提供時間應期的線索；星座宮位可提供吉凶之判斷；天星迭併的斷法，亦可用於解牌之中；星象課題，則可能是當事人所需的建議。

皇后牌	節制牌	惡魔牌
皇后牌當中的金星符號，顯現出當事人優雅閒適、溫和愉悅的特質。金星的愛與享受，也都呈現在牌中。	代表人馬座的節制牌，展現出兩極發展的可能性，當事人可能朝著心靈層面提升，或是象徵雙腳熱中於旅行活動。	惡魔牌的占星對應是摩羯座，以此為代表的人物，通常擅於規畫人生，且有著實事求是、重視物質生活的特質。

塔羅日記
塔羅進修
西洋占星
神話故事
卡巴拉
象徵與顏色
精進牌技
塔羅之道

神話故事

在西方文化的體系中，神話故事的影響一直是長久持續的，尤其希臘羅馬神話更是其中最重要的一環，其他如埃及神話、北歐神話以及聖經中的神話等，也占有重要地位。歷來眾多的塔羅牌創作者，因其生長背景或喜好，特別偏好某些神話故事，也影響了他們在創作中的圖象選擇；因此塔羅玩家只要掌握塔羅牌中的神話要素，運用神話故事解牌就會成為一件輕鬆有趣的事情。

「托特牌」女祭司

圖象中的人物是埃及神話中最著名的女神伊西斯（Isis），亦即冥神歐西里斯（Osiris）之妻。

神話在塔羅中的應用

應用1 了解塔羅牌的神話背景

全世界千種以上的塔羅牌,主要採用希臘羅馬神話為故事背景。而一些標榜埃及風的塔羅牌,包括托特牌在內,埃及神話故事才是其圖象的要角。至於在全世界廣為流傳的偉特牌,由於偉特本人對聖經故事的偏好,所以牌面圖象採用了不少聖經故事的內容,而希臘與埃及神話的背景則兼容並蓄存在於其中。此外,國際上還有許多各具特色的牌,如採用童話故事為背景的「童話塔羅」(Whimsical Tarot)……等。

「馬賽牌」女祭司

主角是採取教會史的傳說人物「女教宗」(Pope Joan)。她是一個女扮男裝當上天主教領袖的人。但這則傳說的真實性值得懷疑。

應用2 學習塔羅牌的神話對應

學習塔羅牌的神話對應，最簡單的方法是採用以希臘羅馬神話為主的「主幹學習法」，把最主流的希羅神話對應用在所有的塔羅牌當中。例如「力量牌」代表英雄的十二個挑戰（希臘羅馬神話中「赫拉克勒斯〔Heracles〕」的故事）。但若要更深入的研究，則必須根據牌種來研究其差異，如「偉特牌」的力量牌與《聖經·但以理書》有關。此外，塔羅的神話對應可以是多重的，因為塔羅當中有占星術，而占星術當中又有神話，懂得合多為一、視一為多，才能真正掌握塔羅神話學的內涵。

戀人牌

戀人牌所描繪的是「亞當和夏娃」在伊甸園受到祝福的快樂生活。

權杖Ace

權杖Ace當中，希臘天神宙斯（Zeus）強而有力的手自雲端伸出。

聖杯二

聖杯二裡面，小愛神邱比特（Cupid）與賽姬（Pysche）成為幸福的一對。

應用3 塔羅占卜中的神話解法

了解塔羅牌中的神話背景，可以提升占卜者的解牌聯想與技巧。那如何結合塔羅牌與神話背景呢？首先，讓自己融入牌中的神話情境，以情境的設想詮釋當事人的現狀與心態。其次，神話故事情節的演進，可提供對未來發展的預測。最後，體察這一段神話的精神所在，也能提供我們給予當事人建議的智慧。

聖杯三的神話故事

1. 賽姬與兩個姊姊終於重逢了。
2. 姊姊的懷疑將造成賽姬婚姻的危機。
3. 賽姬若能相信自己的內心，就不致鑄下大錯。

對應解牌法

1. 當事人處在相聚的歡樂氣氛。
2. 小心發生樂極生悲之事。
3. 建議當事人在快樂之中，仍應保持理性判斷的能力。

INFO ✳ 深入神話原型有助於提升塔羅智慧

對於塔羅牌中的神話內涵和對應，若真要達到較高層次的占卜應用與心靈的開發，使用者最好具有神話文學的素養，不只要深入了解神話，更要明白神話的原型、機制、功用和精髓，如此方能用得傳神、用得有智慧。有興趣的讀者可以參考神話學家坎伯（Joseph Campbell）的神話理論之相關著作。

卡巴拉

什麼是卡巴拉？

　　卡巴拉（Kabbalah）是古猶太教的一種修練系統，傳說是上帝傳授給摩西。這種自立式的修行方法雖然受到傳統教會的排斥，但在金色曙光協會成立之後，卡巴拉的應用卻大受重視，儼然成為西方神祕學的重要核心，當然也成為塔羅牌的應用法門之一。在卡巴拉系統當中有許多的神祕學圖案，其中對塔羅而言，最重要的是卡巴拉的生命樹形式。在此概略圖示如下：

生命樹圖案

卡巴拉生命之樹與塔羅

卡巴拉的十顆球體分別代表十種概念與精神，而從這十個中心可推演出天地萬物，且各球體相互之間又有著各種微妙的關係。塔羅牌藉著與卡巴拉的對應，連接宇宙中所有的事物，這不只在占卜中產生很大的助力，並且還融合了卡巴拉精神進化的功能。

卡巴拉在塔羅中的應用

　　卡巴拉是西方神祕學的高深部分，它與塔羅牌的互動，不是三言兩語可以說完的。就其重點來講，左圖的卡巴拉生命之樹，即是學習卡巴拉來解牌的重點。初學者希望能在塔羅牌中應用卡巴拉，不妨先朝以下幾個方向努力：

Point 1 首先要學的基礎知識

要明白卡巴拉與塔羅的關係，就必須明白卡巴拉的基本架構為何？卡巴拉的十顆球體各有何意義？十球體如何對應小阿爾克納數字牌？又二十二張大牌如何對應卡巴拉的二十二條路徑？生命之樹的三柱如何運用？提昇之路為何？沈淪之徑又為何？這都是此部分必學的知識。

Point 2 卡巴拉解牌法的研究重點

卡巴拉是西方神祕學的精華之一，若讀者要能夠運用卡巴拉解牌，則應該先學習幾個重點：一，同數牌的卡巴拉對應意涵。二，球體之間的路徑牌。三，牌陣中的生命樹三柱。四，走向提昇之路的建議。若能先弄懂以上這些部分，解牌時就能得心應手。

Point 3 卡巴拉解牌釋例

例如：小英以「時間之流」牌陣來占問有關近期工作不順的狀況，結
果如下：

過去
錢幣四

現在
隱士牌

未來
錢幣六

錢幣四可以對應到
卡巴拉生命之樹
當中的4號球「慈
悲」，暗示目前的
問題與當事人過去
的心軟有關。

隱士牌位於卡巴拉
生命之樹的第十條
路徑，對應希伯來
文「Yod」，其字義
為「手」，顯示當
事人半退隱的現狀
與手部健康有關。

錢幣六對應到卡巴
拉當中的六號球
「美」，位於「平
衡之柱」，象徵未
來可恢復健康，再
度回到藝術相關的
工作。

Point 4 「時間之流」牌陣註解

小英從事音樂表演工作，練習需要大量的手指活動。她前陣子因為拗不過朋友的要求而過度演奏，導致手部的不適。隱士牌所對應的處女座以及兩張錢幣牌都屬於土元素，正與身體有關。卡巴拉的四號球到六號球之間，正好是隱士牌的對應路徑，暗示第十條路徑正是解牌的關鍵「手」。

卡巴拉字彙上的涵義是「傳承」、「接收」及「接受」，其目的是提昇人類的精神層次，而最終回歸到沒有區分的境界。

INFO ✳ **卡巴拉的特色**

卡巴拉的體系有以簡御繁、繁簡互化的特色。易經六十四卦近取諸身、遠取諸物的功能，在卡巴拉當中也可以見到。因此，卡巴拉之學的研究，對於運用塔羅、超越塔羅有很大的效果，可說是塔羅牌以技入道的重要門路。

象徵與顏色

　　塔羅牌上的圖案，就是由各式各樣的「象徵」所組成的。象徵呈現出潛意識當中的原型，反過來說，人類潛意識當中的智慧，即是透過塔羅牌的原型象徵顯現出來。而塔羅圖案所使用的顏色，也是象徵意涵的一部分。顏色對人類的心靈有相當程度的暗示作用，因為顏色映照出來的就是「光」，而光就是生命的源頭。

象徵在塔羅中的應用

　　「象徵」的範圍很大，之前介紹過的占星符號與卡巴拉，也是象徵的一種。在這裡我們要說明其他尚未提到的象徵。「圖象」是塔羅牌呈現象徵的主要方法，而牌圖當中出現的人物、動物、植物、自然景象、姿態、服飾、建築等等，都是象徵的一種。只要研究這些人事物背後的意義，就能解讀象徵所代表的意義。以建築圖案為例，在塔羅牌當中出現的城堡圖象，通常代表著人們內心渴求的「安全感」，看看聖杯六中被刻意放大的城堡，就能體會這張牌強烈的保護意涵。再拿出女祭司與寶劍二，這兩張牌的主人翁背對湖水的景象，象徵問卜者逃避（背對）感情（水）的意義。

由聖杯所組成的彩虹，象徵美好而幸福的感情。

圍繞在自然景致中的房舍，象徵自然和諧的家庭。

一家人的姿態與動作，象徵光明歡樂的氣氛。

顏色在塔羅中的應用

　　色彩對人心而言，擁有改變心情、調整思緒的功能。顏色暗示的力量，是我們所無法忽視的。深明箇中道理的塔羅牌創作者在設計塔羅圖形的過程中，都會注意到顏色的選擇和運用。因此，只要明白顏色所代表的背後意義，就能提昇我們的解牌功力和智慧。

由於顏色有強大的暗示力量，所以選擇一副色彩光明、畫面開朗的牌是很重要的。

☀塔羅牌常見顏色的主要意涵

紅	行動、熱情、渴望、動力、活力、生命力
橙	激情、陽光、溫暖
黃	神性、智慧、積極、理智、愉快、光明
綠	不動、和諧、秩序
藍	平靜、思考、平衡、憂鬱
紫	憐憫、神祕、玄奧
白	純正、純潔、清楚
灰	不動、隱藏、沈鬱
黑	沮喪、低潮、沈重、結束

INFO ☀其他進修學識

除了前面所列幾項學識要點外，還有許多與塔羅牌有關的學問，如心理學、宗教學與易經……等等，有興趣的玩家可以深入鑽研，甚至把本身所學的專業知識融入其中。

如何精進塔羅牌技？

實際占卜的情境中，最重要的關鍵在於塔羅解牌技巧的高下。而準確掌握塔羅牌的義理解釋，並且把塔羅牌內化為自己的一部分，則是塔羅牌技的基礎。由於這是相當重要的基本功，所以想在塔羅上精進的人必須多做占卜練習，在此多下些工夫。

內化學習塔羅牌義的三種方法

以下列出三種內化塔羅牌義的方法，有興趣的人不妨選擇使用。

方法	優點	缺點
塔羅日記	塔羅日記的持續製作，能一天天將每個牌義與生活做聯結，使得塔羅牌義不再是死的資料、不再顯得遙遠。	須日積月累之功，方能有成。
觀牌學習法	觀牌學習法可以讓塔羅牌的圖象與精神，觸動我們的內心，其造成的牌面印象能夠深入右腦與左腦，同時觸發感性與知性的學習。	對於靜不下的人而言，此法效果較差。而且有時候會創造出太特異的牌義。
關聯練習法	一次取出若干張牌，然後指出其中的關聯。無論近義、反義或演進關係，講出愈多愈好。最好也能夠把所有牌合而為一，做出整體的詮釋。這樣的練習，將能幫助我們在占卜的時候，輕易找出牌與牌之間的關聯。	運用此練習，必須頭腦開闊、不拘泥於標準答案，方能得心應手。

✿ 塔羅占卜的練習

提昇塔羅牌技最重要的，就是練習、練習、再練習。一個滿腹經綸，卻無應用機會的將領，只能停留在紙上談兵的程度。因此，實際的占卜練習絕對是必要的。

占卜形式	優點	缺點
自行占卜	自己個人的占卜，可以在不被干擾的情形下，靜靜地揣摩牌義，並深入探索牌陣背後的意涵。再加上自己對自己的情形最了解，因此在解牌的時候，可以較輕易找出塔羅牌對應的現實境況。	1. 主觀意識太強的情形下會造成盲點，使解牌方向有所偏差。 2. 缺乏互動，會造成學習熱忱下降。
為人占卜	一對一為他人占卜，是磨練膽識、技巧和機智的好方法。剛開始可先以較親近的人練習，最後進展到對完全不認識的人占卜，這可說是最接近實戰經驗的練習方法，臨場感有時會逼出人類的潛能來。	1. 經驗不足的卜者，或許會在無意中給與當事人錯誤的指引。 2. 沒把握的練習者，最好有高手相伴。
團體練習	多人之間的練習好處甚多，同一個牌陣可以看到許多人不同的解釋和不同的解牌方法。集思廣益的情形下，學習效果相當好。而且團體的互動，有互相激勵的效果，對於維持學習與練習的熱忱，很有正面的幫助。	1. 需要多人共聚，才能有團體練習的機會，應用上有其門檻。 2. 人數應適中，以五至十人為最佳。

邁向塔羅牌之「道」

每一個塔羅牌組皆自成一個循環，所有牌組之整體，又是一組大循環，這當中有其哲學，周而復始的塔羅循環結構，歷代塔羅高手的天道思維就由此展現。在這一小節要介紹的，就是探尋隱藏於塔羅架構之中的「牌道」。

「道」是塔羅的真正主體

就塔羅牌的運用來說，表面上可以依靠解牌技巧或經驗，但決定個人境界高低的，卻是背後的哲學觀，即是「道學」的部分。透過以下書籍，可以幫助讀者累積內力、提昇道學。

智慧之作	說明
道家三玄之書	道家三玄之書是指《易經》、《老子》和《莊子》。此三書看似與塔羅無直接關聯，但探求的宇宙天道卻是相通的。易、老、莊推源天理，而明天地之常道與變道。讀之、則可知由相對入絕對之思想，探索宇宙之究竟真實。得其要旨，則天地人事之變化可了然於胸中。故亦是人生智慧無窮之書。
儒家四書	儒家四書是指《論語》、《大學》、《中庸》、《孟子》，讀之、可以得安身立命之道，且修心養性之餘，更能明白為人處事的智慧，以之用於人生各方面與塔羅占卜建議上，都是妙用無窮。

智慧之作	說明
新時代名著	《與神對話》系列、《奇蹟課程》、「歐林系列」等書,皆是白話易懂的智慧之作,能讓人充滿愛與光,並明白天地萬物的一體性。可以幫助現代人做好迎接寶瓶世紀的準備,有意識地邁向與神合一之路。
朱邦復著作	《易理探微》、《智慧之旅》與《智慧學九論》皆是增加智慧與內涵的好書,這對於讓我們明白易道之運行,與通達智慧之門徑,都有相當大的益處和幫助。

INFO ☀ 為什麼要探尋塔羅牌道?

我們在這世界上所學的高深學問,通常都有道、理、術三種層次。術為技術和方法。得之可成「匠」。理為理則和規律,得之可成「家」。道為精神與哲學,得之則成「宗師」。只懂占卜而不明其理者,是為塔羅牌匠;明其理而不得其道,可成一家之說,為塔羅牌家;以術理為指,尋覓其月,而得牌道者,方能為一代宗師。

以其他術數為輔助

探尋塔羅牌道除了閱讀相關書籍、體悟其中精髓外，若有其他術數作為輔助，則能讓我們擁有更全面的視野，避開許多的冤枉路。所以，無論「星、命、卜、相、玄」的學習，皆能提供我們進一步上窺天道的階梯，也能補強塔羅占卜的不足之處。

星
即占星之學。研究天星與人事之關係，可藉此感受天星之力對人的影響，同時體會天人感應的道理。

玄
此為術數中最為玄妙的部分，以掌握調整氣勢、變化與未知因素，達到造命開運的效果。在所有的問題當中，最重要的都是解決方案，「玄」之運用，即專為此而來。

命
納天地於干支，藏人命於五行，演天機於生剋刑沖之中。而天地即吾心，至小即至大，故能以小太極映照大太極，窺至理於術數。

相
是指骨相、面相、體相、手相、靜相、動相等等。相學能閱人之吉凶變化於相見之初，先掌握整體，再由塔羅從部分入手，則推算運用更加完整，輔助效果很大。

卜
各類卜筮之法屬之。塔羅本身即為卜類之術，再研他法，可收觀念整合、思想激盪之效。《易經》卜筮之法尤為卜中之最，得其精要而用於塔羅之中，則牌道千變萬化、莫測高深。

塔羅牌道的輔助術數

心靈成長

塔羅牌的應用，如果最終能促成我們的心靈成長，那才算是發揮了塔羅牌應有的價值。而心靈成長的程度，也象徵了我們進入塔羅牌道的路程。

1
術——掌握具體事物

塔羅牌初學之時，就像一般人對生活的看法一樣，停留在具體、具象的層次中。此時的我們，認識到事物的表面與皮相，這也就是「術」的層次。

2
理——歸納天地萬物的法則

隨著經驗的累積與智慧的提昇，我們漸漸明白到天地萬物都各有一套運行的法則，這些法則的背後，還有規範法則的法則。法則就是「理」，學塔羅要學到背後的理，進而在人生中掌握人生之理。這是心靈成長的重要里程碑。

3
道——體悟生命的真諦

理是道的展現，道是理的精髓。進入追尋道的層次以後，就能夠逐漸接近生命的真諦。而到此層次的人類，終將以萬物一體性為信念來探索「未始有物」的真正意涵。而藉由這樣的進程，我們生命的深度與寬度，就在智慧與喜悅當中延伸了。

國家圖書館出版品預行編目(CIP)資料

圖解第一次塔羅占卜就上手修訂版 / 清風, 易博士編輯部作. ──
修訂三版. ── 臺北市：易博士文化出版：家庭傳媒城邦分公司發
行, 2023.04
面； 公分. ── (easy hobbies系列；36)
ISBN 978-986-480-288-3(平裝)

1.占卜
292.96   112003951

easy hobbies系列 36

第一次塔羅占卜就上手 修訂版

作　　　者 / 清風、易博士編輯部
企 畫 提 案 / 蕭麗媛
企 畫 執 行 / 潘雅琴
企 畫 監 製 / 蕭麗媛

編　　　輯 / 潘雅琴、魏珮丞、李佩璇、鄭雁聿
業 務 經 理 / 羅越華
總 編 輯 / 蕭麗媛
美 術 總 監 / 陳栩椿
發 行 人 / 何飛鵬
出　　　版 / 易博士文化
　　　　　　城邦文化事業股份有限公司
　　　　　　台北市中山區民生東路二段141號8樓
　　　　　　電話：(02) 2500-7008　　傳真：(02) 2502-7676
　　　　　　E-mail：ct_easybooks@hmg.com.tw
發　　　行 / 英屬蓋曼群島商家庭傳媒股份有限公司城邦分公司
　　　　　　台北市中山區民生東路二段141號11樓
　　　　　　書虫客服服務專線：(02) 2500-7718、2500-7719
　　　　　　服務時間：週一至週五上午09:30-12:00；下午13:30-
　　　　　　17:00
　　　　　　24小時傳真服務：(02) 2500-1990、2500-1991
　　　　　　讀者服務信箱：service@readingclub.com.tw
　　　　　　劃撥帳號：19863813
香港發行所 / 戶名：書虫股份有限公司
　　　　　　城邦（香港）出版集團有限公司
　　　　　　香港灣仔駱克道193號東超商業中心1樓
　　　　　　電話：(852) 2508-6231　　傳真：(852) 2578-9337
　　　　　　E-mail：hkcite@biznetvigator.com
馬新發行所 / E-mail：hkcite@biznetvigator.com
　　　　　　城邦（馬新）出版集團【Cite (M) Sdn. Bhd.】
　　　　　　41, Jalan Radin Anum, Bandar Baru Sri Petaling,
　　　　　　57000 Kuala Lumpur, Malaysia
　　　　　　電話：(603)9057-8822　　傳真：(603)9057-6622
　　　　　　E-mail：cite@cite.com.my
內 頁 插 畫 / 周可韻
美 術 編 輯 / 陳姿秀
製 版 印 刷 / 卡樂彩色製版印刷有限公司

■修訂二版 / 2014年08月19日
■修訂三版 / 2023年04月27日
ISBN 978-986-480-288-3

定價320元　HK＄107

城邦讀書花園
www.cite.com.tw